Das Buch

Dieses Buch versammelt Gedichte, die in den letzten vier Jahren entstanden sind. Natürlich hinterlässt das Zeitgeschehen seine Spuren, aber steckt in den Texten ein Plan, verbirgt sich dahinter vielleicht eine geheime Botschaft? Bitte teilt sie dem Autor mit, wenn ihr eine entdeckt, ihm ist sie bisher verborgen geblieben. Allerdings, eines steht fest: Die Gedichte sind stocknüchtern entstanden.

Der Autor

Hartmut Rusch, Jahrgang 58, in Hamburg geboren und aufgewachsen, lebt immer noch in Schleswig-Holstein und auch sonst hat sich wenig geändert, er schreibt, sorgt für die leiblichen Genüsse, spielt gelegentlich Saxophon oder Blockflöte. Allerdings joggt er jetzt noch langsamer und geht öfter zu den Ärzten.
Die vorliegende Sammlung ist seine zweite Veröffentlichung. Die Fotos entstammen der eigenen Kamera.

Hartmut Rusch

Die Busen in Böen

Gedichte

Bibliografische Information der Deutschen Nationalbibliothek:
Die Deutsche Nationalbibliothek verzeichnet diese Publikation in
der Deutschen Nationalbibliografie; detaillierte bibliografische
Daten sind im Internet über dnb.dnb.de abrufbar.

© 2024 Hartmut Rusch
© Umschlaggestaltung, Fotos und Layout: Hartmut Rusch,
  Bad Bramstedt
Herstellung und Verlag: BoD – Books on Demand, Norderstedt

ISBN: 978-3-75975-135-5

Das Bestreben, den Menschen gefällig zu sein,
lässt jede geistige Blüte verwelken.

Baudolino
in: Baudolino von Umberto Eco
Seite 628 , DTV
Jubiläumsausgabe 2011

Poesie ist ... letztlich die einzige Möglichkeit für uns ..., uns
in die Unvorhersehbarkeit der Weltbeziehung einzubringen"

Edouard Glissant

Aha!

BEDEUTENDE WERKE

Ich las bedeutende Gedichte in einem Buch von Baudelaire,
die Blumen des Bösen, die waren mir jedoch zu schwer.
Darauf komische Geschichten im Band von Robert Gernhardt,
die Blusen des Böhmen, da kommt die Satire in Fahrt.
Oder lieber doch was Seichtes, und ist´s der größte Pfusch,
die Busen in Böen, das neueste Gedicht von Hartmut Rusch.

DIE BUSEN IN BÖEN

Von der Insel Sylt blickte ich auf den wilden Meeresrand,
oben am Roten Kliff, welch eindrucksvoller Nordseestrand.
Doch was ich erspähte, egal ob warm, kalt oder rau,
entkleidete Menschen, stellten alles Mögliche zur Schau.

Es wurde windig, alles wackelte, bewegte sich im Wind,
des Mannes Gemächt mutierte zum Wurm wie beim Kind.
Die Brüste der Frauen leisteten dem Sturm noch Widerstand,
der natürlichen Körperkultur zugetan, wir sind ein freies Land.

Doch all deren Haut nur noch zur blassen Gänsehaut verkam.
Vielleicht doch lieber der Urlaub in der bewaldeten Rhön,
denn es flohen mit dem Wind Ästhetik und die Scham,
und es flatterten männliche Glieder und die Busen in Böen.

LASS UNS

Lass uns heut den Plan durchziehen,
endlich unserem Alltag entfliehen,
wir wollen alle Kneipen finden
und müssen wir uns auch dafür schinden.

Lass uns jetzt nur eifrig suchen,
auch wenn wir morgen uns verfluchen,
hier ´ne Kneipe dort ´ne Bar,
jeder Schluck so wunderbar.

Lass dir heut von mir nur raten,
wir wandeln hier auf schmalen Graten,
denn sind wir allzu schnell zu breit
ist jeder Weg schon bald zu weit.

Na lass uns erst mal hier reinschauen,
auf diesen Einstand lässt sich aufbauen,
die Eckkneipe hanseatischer Art,
da passt das Bier mit Korn gepaart.

Los lass uns Prozente aufaddieren,
lass uns unsren Rachen schmieren,
da drüben in der verrauchten Gaststätte,
die haben Lütt un Lütt, jede Wette.

Nu lass uns doch noch hier abbiegen,
da drüben in Gemütlichkeit wiegen,
mit Gin Fizz zu Easy Listening lauschen,
der sich gesellt zum Blutstrom-Rauschen.

Komm lass uns schnell zur Bude eilen,
am Imbissstand nur kurz verweilen,
Currywurst, Pommes, Bier aus der Dose
und Ketchup-Fleck gleich auf die Hose.

Los lass uns hier noch etwas tanken,
auch wenn wir später heftig wanken,
durch die Straßen, durch die Gassen,
wir könnten es doch niemals lassen.

Lass uns jetzt bloß weiter schlendern,
doch festhalten an den Geländern,
denn die Treppen werden jetzt steil,
das Schwirren im Kopf, ist das nicht geil.

Komm lass uns torkeln die Stufen hinauf,
den Sturz auf die Knie nehmen wir in Kauf,
bloß weiter zum nächsten Ausschank,
dringlichst benötigen wir einen weiteren Trank.

Lass uns jetzt Spelunken entdecken,
deine wertvolle Uhr solltest du weckstecken,
und saufen mit dem gemeinen Pack,
ein Schnaps nach dem anderen ohne viel Schnack.

Lass dich stützen, ich will dich halten,
wir sind die kümmerlichen Gestalten,
die suchend die dunkle Stadt durchqueren,
um hin und wieder einzukehren.

So jetzt lass uns mal den Blutdruck senken,
lass mich dich zu den Cocktails lenken,
die kühl und auch sehr schmackhaft sind,
ganz besonders mit Absinth.

Nu komm, nun lass mich mal,
das weitere Gehen wird zur Qual,
komm lass uns einfach hier nur sitzen,
am Strohhalm saugen wie an Zitzen.

Nun kommt die Müdigkeit, lässt mich gähnen,
ist es bereits zu Ende mit unseren Plänen,
zu durchlaufen Gassen und Straßen,
ein Ziel nur: Saufen ohne Maßen?

Ach komm, nun lass mich liegen,
ich will nur kurz den Schlaf besiegen,
ist wohl alles zu viel für dich.
So lass mich mal, lass mich!

DAS ERBE

Heute verstarb die kleine Lieselotte,
unsere gemeine, fiese Kleidermotte,
sie ließ ihr Leben durch meine Hand,
es verblieb nur ein Fleck an der Wand.

BULLSHIT-BINGO

Es gab die Zeit da verlangte man viel,
eine eigene Kultur, das war das Ziel,
die sollte uns irgendwie leiten,
ein jeder wollte auf diesem Begriff reiten.

Was später dann half: ein Paradigmenwechsel,
alles Vertraute ab in den Häcksel.
Normen, Moral, überkommene Gebräuche
sind auszurotten wie eine Seuche.

Doch was brauchen wir heute? Ein neues Narrativ!
Egal wofür, wir verfolgen es ganz obsessiv.
Und soll uns einer kommen mit Erzählung,
dann sagen wir: das ist doch nur Stunk.

Und worauf es nun ankommt ist Resilienz,
im öffentlichen Diskurs ganz ohne Konkurrenz.
Nachhaltigkeit, wer braucht die denn noch?
Ab damit ins staubige, archivarische Loch.

Und morgen installieren wir eine neue Vokabel,
die kommt uns künftig geläufig über den Schnabel,
ins Feuilleton fortan liebend gern geschrieben,
und alles andere ist doch beim Alten geblieben.

TEICHKONZERT

Gewittriges Gestürm naht dem Gestade,
keine Kassandra warnt vor der nassen Kaskade,
wuchernde Wolken und wie sie wogen,
geschwind gefährlich zum Tümpel gezogen.

Das Blesshuhn blickte durch die Blätter,
witterte windiges, widriges Wetter,
zeterte zornig, benutzte Zoten,
beleidigte schwarzgraue Gewitterboten.

Frierende Frösche gestört in der Frühe,
mürrisch, müde, beherrschten sich mit Mühe,
quengelten nun quietschig, man hörte es quaken,
Erpel erwachten erbost und erschraken.

Sie schnatterten schneidig: ist doch nur Nässe,
und beleidigten nun des Huhnes Blässe,
hätten die Ruhe am Teich gern verteidigt
und waren über den Lärm sehr beleidigt.

Schwarze Schwäne schwimmend mit Schwall,
übel überrascht vom Geschrei überall,
trompeteten trotzig über den Teich,
beleidigten Huhn, Frosch und Erpel sogleich.

Scheußliches schießt aus jedem Schnabel,
die Kakophonie ist kaum kantabel,
Frösche quaken mit Vögeln im Quartett,
nervös, nervig und niemals nett.

Koste das konfuse Konzert in der Natur,
doch von Harmonie am Wasser keine Spur.
Wir Zuhörer dagegen spüren Idylle am Teich,
und wessen Herz wird da nicht wohlig weich.

SCHLIMM SCHLIMMER AM SCHLIMMSTEN

Es ist schlimm, doch das ist das Leben,
nicht jedem ist Gewissen und Verstand gegeben.
Solch Verirrte, auch Verrückte gibt es immer,
doch, und das ist entsetzlich schlimmer,
wenn andere sagen, es ist mir egal
und befördern so einen durch freie Wahl.

Wenn er dann in der Welt herum trumpelt,
wie ein Kleinkind wütet und strampelt,
als drehte sich alles nur um ihn allein,
all sein Handeln zerstörend ist oder Schein,
wenn er sich selbst widerspricht und lügt,
untätig, unfähig ist und schamlos betrügt.

Wenn er ätzt, beleidigt und eklig in Hybris badet
und dadurch allen Menschen furchtbar schadet,
als der Größte, der Allerbeste sich geriert,
jedem Vernünftigen längst das Lächeln gefriert.
Doch am aller-, allerschlimmsten wäre,
jemand erweist ihm in der Wiederwahl die Ehre.

MANGELHAFTE ZAUBEREI
FAST EIN MÄRCHEN

Ein kleines Mädchen, ganz allein,
es wollt so gern zu zweit doch sein,
drum schritt es zu dem Teich geschwind,
wo immer so viele Frösche sind.

Und sie suchte eifrig im Gras,
machte arglos ihre Füße nass,
am Teiches Ufer im tiefem Morast,
forschte geduldig und ohne Hast.

Sie hatte es gern und oft gelesen,
und so ist es sicher auch einst gewesen,
ein verhexter Prinz zuvor verwandelt,
zur quakenden Kreatur gemein verschandelt.

Es wird sich schon ein Frosch hier finden,
und muss sie sich auch dafür schinden,
sie wird bestimmt ihn gleich erkennen,
und dann zu ihrem Liebsten ernennen.

Auch sie wird einen Verwünschten entdecken
und ihn liebkosend zart abschlecken.
Jetzt noch ein Frosch, klein und grün,
nach dem Kuss wird ihr ein Prinz erblüh´n.

Bald wurde sie fündig, da hockte er schon,
für ihre Mühe erhielt sie den gerechten Lohn.
Traurig quakte im Gras das geschundene Tier,
das Mädchen rief aus: Jetzt gehörst du mir!

Doch von Schönheit, Anmut keine Spur,
Warzen und Runzeln erblickte sie nur,
die Einsicht, die ihr jetzt nur blieb:
Auch hässlich habe ich dich lieb!

Das Mädchen sagte sich, was muss das muss,
und gab dem warzigen Tier einen dicken Kuss.
Doch der Frosch war kein Frosch, war nur eine Kröte.
Zing! In ihrer Hand hielt sie eine hölzerne Flöte.

Anfangs enttäuscht, doch schließlich pragmatisch,
irgendwie fand sie diese Flöte auch sympathisch,
das Schicksal servierte ihr eben dieses Präsent,
erlernte sie das Flötenspiel mit üppigem Talent.

Ein Zaubererpaar hatte dem Sohn eine Flöte geschenkt
und den Zaubererjüngling dazu gedrängt,
fortan täglich auf dieser Flöte zu spielen,
er sollte nicht immer nach dem Zauberstab schielen.

Doch darüber nicht entzückt,
dagegen vielmehr beglückt
mit dem Zauberstab zu wedeln,
um nutzlose Sachen zu veredeln.

So versuchte er es auch mit der Flöte,
und heraus kam die besagte Kröte.
Das Gequake konnte er kaum ertragen,
doch der Gegenzauber wollte versagen.

Darüber war er bass erstaunt
und hat der Kröte zugeraunt:
Verschwinde schnell du hässliches Vieh,
dass meine Eltern dich nicht finden, nie!

Solange dich niemand lieben will
bleibst du Kröte und quakst nur schrill.
Und gewiss haben die Alten vergessen,
dass ich je eine Flöte hatte besessen.

Die Eltern vermissten jedoch bald das Schöne,
dass der Bub erklingen ließ Flötentöne.
Sie fragten gleich: wo ist die Flöte?
In des Sohnes Gesicht erblühte die Röte.

Die Zauberer-Eltern schon bald erfuhren
des Jünglings heimliche Zauber-Touren,
was er mit dem Zauberstab verwandelte,
solide Dinge mit Unvermögen verschandelte.

Du hast uns wahrhaftig aufs Übelste gekränkt,
hatten wir nicht eine kostbare Flöte geschenkt?
Heut noch jagen wir dich in die Welt hinaus,
erst mit der Flöte kommst du wieder nach Haus!

So wanderte er allein in die Welt,
kein Zauberstab ihm zur Seite gestellt.
Nun flehte er seinem Schicksal zu:
Kröte, lass dich finden doch im Nu!

So wanderte er einsam für sehr lange Zeit,
bis Flötentöne erklangen in Herrlichkeit,
so schön zart, märchenhaft und elfengleich,
wie wurde sein Herz auf der Stelle ganz weich.

Das muss meine verzauberte Flöte sein,
doch spielte ich auf ihr doch nie so rein.
So hatte mein Verzaubern seinen Zweck,
nicht umsonst jagte ich die Kröte weg.

Er entdeckte das Mädchen am Teiches Rand,
wie sich Flöte und Spielerin in Liebreiz verband.
Vom Spiel und vom bezaubernden Anblick verzückt,
verliebt auf der Stelle war er, nach ihr ganz verrückt.

Ganz ohne Spruch hat das Mädchen ihn verzaubert,
keinen Moment hat der Jüngling gezaudert.
Wenn du mich erwählst, dann nehme ich in Kauf,
die Zauberei gebe ich heute hier für dich auf.

Doch die Ersehnte sprach: Bleiben darfst du schon
an meiner Seite, doch ich fordere reichlich Lohn,
bitte zaubere mir doch so kostbare edle Dinge,
Geschmeide, eine mächtige Krone, goldene Ringe.

Der Zauberlehrling von Liebe verzehrt,
dachte nur, was ist daran verkehrt?
Ich verspreche ihr den Himmel auf Erden,
auch ohne Zauber, das wird schon werden.

Denn ohne Stab ist er nur ein Junge,
doch da beißt er sich auf die Zunge,
und sagt: Das kriege ich schon hin,
du bist ab heute meine teure Königin.

Sie erhielt keine Krone, regierte kein Reich,
bescheiden lebten sie fortan am Teich.
Sein Zauber war im Nu verflogen,
der Zauberersohn hatte dreist gelogen.

Doch auch das Mädchen, man muss es sagen,
hat nicht nur Gutes zur Liebschaft beigetragen,
vermessen war sie, auf Gewinn und Vorteil bedacht,
das hat ihrer Beziehung manch Kratzer gebracht.

Nun leben sie schon seit Jahren zusammen,
und die Zweisamkeit bekam etliche Schrammen.
Schwindelei, Maßlosigkeit, auch der Hochmut
bekommt dem Paar-Sein überhaupt nicht gut.

Doch eines das bleibt, das ist des Jünglings Flöte,
und in der Hand des Mädchens wahrlich keine Tröte.
Welch reine, sanfte, betörende Töne sie ihr entlockt.
Letztendlich hat der Junge diesen Zauber nicht verbockt.

DIESE KRÖTE MÜSST IHR SCHLUCKEN

Kröten kriechen nicht, sie hüpfen,
junge Hüpfer dagegen kriechen,
Schlüpfer werden niemals schlüpfen,
eher sehr unangenehm riechen.

Kröten dagegen schon entschlüpfen,
irgendwann aus dem Ei dem runden.
Können wir Kröten und Schlüpfer verknüpfen,
sind sie durch Geruch verbunden?

Früher trugen junge Hüpfer,
solange sie nur herum krochen,
überwiegend scheußliche Schlüpfer,
die nach einer Weile rochen.

Doch wo ist die Verbindung von den Schlüpfern
zu den Kröten, die doch hüpfen?
Vermutlich zu den kriechenden Hüpfern,
die dem Bett wie aus dem Ei entschlüpfen.

Und die Hüpfer tragen keine Schlappen,
solange sie nicht hüpfen sondern kriechen,
und aus den Eiern schlüpfen doch Quappen,
mit dem Vornamen Kaul und nicht Mariechen.

Und manch Hüpfer heißt jetzt Paul,
das ist auch keine Schlappe,
hieße er stattdessen Kaul,
wäre er doch eine Quappe.

Ach lassen wir Hüpfer, Schlüpfer,
nicht kriechende Kröten,
ich bin der Verknüpfer,
getrieben von Nöten.

BROT-NOT

Letztens litt ich große Not,
verzehrte mich nach frischem Brot.
Dies Begehren überkommt mich täglich,
der Hunger nach Brot der ist unsäglich.

Schnell schmierte ich mir eine Schnitte,
dann die zweite und die dritte,
auch die vierte und die fünfte,
reichen meine gesparten Einkünfte?

Ach das ist mir so egal,
ich esse das alles auf einmal,
Hauptsache mit viel Belag,
so wie ich es gerne mag.

Nach dem Brot mit Wurst
litt ich fürchterlichen Durst,
verlangte jetzt nach einem Bier,
auf der Stelle gleich und hier.

Ich trank das erste zweite dritte,
jetzt noch schnell ´ne heiße Fritte,
das verlangt nach vier fünf sechs,
meinetwegen auch ein Beck´s.

Danach muss noch Käse her,
da half auch keine Gegenwehr,
ob weich hart oder mit Schimmel drin,
auch danach stand mehr nun der Sinn.

Nach den vielen Schnitten,
und den fettig frittierten Fritten,
ersehnte ich nun voller Gier
nach noch mehr gut gekühltem Bier.

Oh, ich konnte schmachten
nach dem siebten achten,
und ich war auch gar nicht feige,
trank das alles bis zur Neige.

Nach dem neunten zehnten elften,
vertilgte ich nur noch die Hälften
von den Schnitten mit was drauf,
aber auch die aß ich alle auf.

Danach meldete sich mein Magen.
Tja, was soll man dazu sagen?
Nach so viel delikat Pikantes
vielleicht doch was fein Gebranntes.

Erst ein Schnaps na zwei dann vier,
genug hatte ich vom dünnen Bier.
Auch sechs und meinetwegen acht,
immer gerade, doch mit viel Bedacht.

Plötzlich wurde im Kopf fleißig gedreht,
der Magen vor Hunger immer noch gebläht.
Nach dem Schnaps, ich hatte es vergessen,
sollte ich noch etwas Brot darauf essen?

Mein Körperempfinden ist ausgeprägt,
drum habe ich mir noch ´ne Scheibe belegt,
ich bin mir sicher, ohne ein zwei Schnitten Brot,
da wäre ich bestimmt längst tot.

TRAUM-VERSE
23. JULI 2020 VON FÜNF BIS SECHS

Ich bin die eklige Fetthand,
male ölige Flecke an die Wand,
wäre Belsatzars entsetzlicher Albtraum,
bin der schmierige Abschaum.

Ich schreibe mit bestialischem Schleim,
suche dich mit Abscheu heim,
kritzle mit dämonischer Klaue,
auf das ich dich seelisch verhaue.

Ich zeichne mit fettigen Tatzen
an die Kacheln teuflische Fratzen,
wäre Muttis entsetzliche Bürde,
die Grimassen vermissen jede Würde.

Ich bin doch nur beim Abwasch,
im Wasser ganz fieses Mischmasch,
da kommen einem doch Gedanken,
die überwinden alle Schranken.

UND DANN

Ich erlebe so diese Phase,
da schreibe ich mich in Ekstase,
da schreibe ich mir die Finger wund,
und ist das Ergebnis auch größter Schund.

Und dann erscheint auch eine Phrase,
alles kommt nur wie Rotz aus der Nase,
dir versetzt sie eine schmerzliche Wunde,
ist sie entkommen meinem plappernden Munde.

Und dann kommen diese Phasen,
der Geist lässt platzen absurde Blasen,
und ich gebe es ehrlich zu, unumwunden,
so könnte ich weitermachen etliche Stunden.

Und dann keimen schreckliche Phrasen,
verseuchen die Stimmung wie giftige Basen,
und du solltest dich nicht wirklich darüber wundern,
dass sie schmecken wie vergessene eklig stinkende Flundern.

Und dann taucht auf auch noch ein Hase,
plötzlich entsprungen dem tiefem satten Grase.
Ist es möglich, dass du dich jetzt noch wunderst und
du lauthals aufjaulst wie ein geschundener getretener Hund?

Und nun steht da noch ein Ase,
ruft mir zu: Dichte viel, dichte mit Ekstase,
lass nicht verkommen die Verse im trockenen Schlund.
Doch Odins Rat musste nicht sein, jetzt wird es mir doch zu bunt.

Ase Hase Phase Phrase,
und alles mit so viel Emphase.
Als Letztes tue ich hier nur kund,
versenken wir alles im tiefsten Sund.

DER MISANTHROP

Der Höflichkeit bin ich jetzt müde,
ab heute benehme ich mich rüde,
Schluss ist mit Sitte und mit Empathie,
geholfen hat es ohnehin noch nie.

Erweckt in mir der Misanthrop,
nimm zur Hand das Stethoskop
und horche ruhig in mich hinein,
mein Herz stellt seine Arbeit ein.

Ich werde nur noch kühl abwägen,
auch an jemandes Stuhl scharf sägen,
sollte er mir im Wege stehen,
meine eigenen Pfade werde ich gehen.

Die anderen sind mir egal,
sind mir lästig bis zur Qual,
es regt sich nur noch Überdruss,
mit Mitgefühl mach ich jetzt Schluss.

Und dieses über den Rücken streicheln,
Ziel ist nur falsches Einschmeicheln,
hoffen, dass der Tränenfluss versiegt
und es endlich wieder Ruhe gibt.

Anteilnahme? Ich schaue jetzt weg!
Und das alles hat seinen Zweck,
ich bin der Menschenfeind schlechthin,
Anstand ergibt doch keinen Sinn.

So trampel ich in die Welt hinaus,
bin jedem Schreck, bin jedem Graus,
bin mir aber der beste Freund,
habe mein Selbst sehr hoch umzäunt.

Ich führe nur noch Selbstgespräche
und vermeide, dass ich verspräche
irgendjemand irgendetwas,
vernachlässige jeden ohne Unterlass.

Will nur noch meine Ruhe haben,
an Eigenlob will ich mich laben,
will keine Diskussionen führen,
mich indes zum Besten küren.

Ich hoffe, dass du dieses akzeptierst,
mein Anliegen nicht ignorierst,
und ich kann auf deine Rücksicht hoffen.
Ansonsten wäre ich sehr betroffen.

WIDERSPRUCH

Ich wär so gern poetisch
das ist mein bestimmender Fetisch
doch alles was ich anfass
das wird bei mir extrem krass
ich wünscht´ es wär fantastisch
daher kommt´s doch nur drastisch
ich verzehre mich nach Poesie
erreicht habe ich sie noch nie
Lyrik und ich sind antinomisch
sodann dichte ich eben komisch

VERWÄSSERTE LYRIK

Wenn Regen ständig fällt aus dem Himmel
und es erblüht überall der grüne Schimmel

Wenn Pfützen erwachsen zu endlosen Meeren
und du kannst dich der Feuchtigkeit nicht mehr erwehren

Wenn dauernder Niederschlag dir alles vernässt
und dich deshalb die blühende Romantik verlässt

Wenn keine Sonne diesen dumpfen Zustand verbessert
und Lyrik dir im endlosen klammen Nass verwässert

Dann schreibst du eben in Prosa
und schon ist die Welt wieder rosa
rot

CHORUS SINGULARIS II

Allein bin ich der beste Chor,
ein falscher Ton kommt niemals vor.
Nach Flamenco und auch Madrigal
wird alleine Singen zum Ritual.

Nun also auch eine Motette,
so eine richtig weise und nette.
Geistlich ist sie das ist klar,
doch geistreich auch, fürwahr.

Andere Stimmen brauch ich nicht,
die fallen eh nicht ins Gewicht.
Wichtig ist mir nur die meine
und das ist die besonders Reine.

Fehlen doch noch ein zwei Stimmen,
auch diese Hürde werde ich erklimmen.
Durch die Nase wird gesummt
und im Kehlkopf wird gebrummt.

SPIELEREIEN

Der Bock treibt die Ricke,
sie will nicht, ist eine Zicke,
lässt ihn noch nicht an sich ran,
der ist noch kein richtiger Mann.

Er ist doch nur ein Böckchen,
auch sie eher noch ein Flöckchen,
ist Spielerei doch alles nur,
ein fröhliches Bild in der Natur.

WHAT CAN I DO

I searched for attraction
or a little bit of action
but Wichita isn´t really pretty
they call it „The Boring City"

WALDGEHEIMNISSE

Dort drüben im feuchten Erlenbruch,
der Ort mit dem finsteren, fiesen Geruch,
bedeckt nur mit einer Schaufel Matsch,
und ich erzähle hier keinen Quatsch,
da modert er, der mich gängelte,
über den Gartenzaun ständig quengelte.
Im dunklen nassen Erlenwald
machte ich meinen Nachbarn kalt.

Für all die beigefügten Qualen
musste er bitter bezahlen,
wie ich damals an ihm litt,
jetzt endlich sind wir quitt.

Und neben der verkrüppelten Kiefer
erschlug ich einen mit einem Stück Schiefer.
Der stand wiederholt vor meinem Haus,
holte aus seiner Tasche Erkenntnisschriften heraus.
Ich lockte ihn in den nahen Kiefernhain,
nur in der Natur erlebt man sein wahres Sein.
Sein Dasein wird er nun unter der Erde verbringen
und seine Seele kann mit Würmern ringen.

Für all die dummen Broschüren,
mit schwachsinnigen Erweckungsschwüren,
war er doch nur eine einzige Plage,
erholt sich jetzt im Jenseits von meinem Schlage.

Und hinter dem Haus bei den Birken
sollte der Briefträger sein Leben verwirken.
Auf die Nerven ging er mir schon lange
und ich hatte keine Bange,
niemand wird es je wissen,
und niemand wird ihn je vermissen.
Brachte nur Rechnungen und Mahnbescheide,
alles worunter ich entsetzlich leide.

Für all die fiesen Schreiben,
jetzt muss er für immer bleiben.
Vergeblich beschwor ich ihn, er könne sie sich schenken,
erst musste ich ihn ins Grab versenken.

Und gleich hinter den knorrigen Mooreichen
liegen meine konservierten Leichen.
Nun werdet ihr bestimmt noch blasser,
denn ich, ich bin der Menschenhasser.
Und wer mir kommt in die Quere,
dem sei es die allerletzte Lehre:
Ein letztes Quaken der Frösche im Ohr,
findet jeder fortan ewigliche Ruhe im Moor.

Für all eure gemeinen Taten,
das sei euch hier verraten,
auf eure Schikanen folgt sehr bald
eure letzte Ruhestätte – und zwar der Wald.

COMING OUT

Manch einer mag zu Skurrilem neigen
und ein jeder nennt Geheimnisse sein Eigen,
doch heute habe ich mein Coming Out:
ich esse vom Hühnchen auch die Haut.

Nicht nur die knusprige Haut vom Grill,
die vermutlich fast jeder will,
auch das Weiche in dem Hühnerklein,
das soll sehr gerne meines sein.

Und das Wabbelige im Frikassee,
das so schwabbelt wie kabbelige See,
ich genieße es wenn es flutscht,
zart von der Zunge in den Rachen rutscht.

Und wenn das Eisbein in der Brühe simmert,
unter der Schwarte die Fettschicht schimmert,
dann freue ich mich darauf, wenn ich erst kau´
auf der talgigen Haut der verarbeiteten Sau.

Und wenn in der Röhre der Grill versagt,
keine Hitze an der Haxenschwarte nagt
und der Speck weich bleibt auch noch nach Stunden,
ach wird mir dieser Happen munden.

Welch ein Gefühl, diese schwammigen Bisse,
den Widerstand verkohlter Haut ich niemals vermisse,
wenn meine Zähne zart ins Schlüpfrige gleiten,
ein Hochgefühl an Genuss mir diese Situationen bereiten.

Und wenn ich zermansche mit der Zunge die Fettschicht
und ich genieße das warme wachsweiche Gericht,
wenn am Gaumen sich auflöst die gallertige Masse,
kulinarisch ist das für mich die allerhöchste Klasse.

ICH WOLLTE DOCH

Mit dir wollte ich zum Altar schreiten,
dir wollte ich ein schönes Leben bereiten.
Doch dafür musste Paul erst weichen,
denn bei dir sollte es nur für einen reichen.

Dich wollte ich nur für mich allein,
doch du wolltest nur mit Paul zusammen sein.
Deshalb wollte ich erst Paul belügen,
ich wollte ihn nicht mit dir betrügen.

Paul, den ich als meinen Freund benannte,
aber als die viel schlechtere Wahl für dich erkannte,
ich wollte dann dem Paul erzählen,
du würdest mich als allerersten wählen.

Er hätte die Lüge vielleicht auch geschluckt
und hätte nicht länger aufgemuckt,
hätte den Platz neben dir geräumt,
doch du hast nur von ihm geträumt.

Du wolltest von dem Paul nicht lassen,
dem schmalen Jungen, dem Hänfling, dem blassen,
das klägliche Feuer wollte nicht erkalten,
wolltest seine schlaffe Hand nur halten.

Doch ich bin doch die viel bessere Partie,
glücklicher mit Paul? Das wärst du nie!
Und weil dir dazu versagte die Einsicht,
ging ich eben final mit Paul ins Gericht.

So musste Paul seine Stelle endgültig räumen,
heute kannst du nur noch von ihm träumen.
Ich konnte es nicht mehr länger ertragen,
letztlich habe ich Paul – logisch – erschlagen.

Welch Tragik liegt in dieser Geschichte,
wie urteilten nur die herzlosen Gerichte?
Erkannten nicht der Liebe ungeschriebene Gesetze
und dass ich sie doch niemals bei dir verletze.

Doch solltest du nicht klagen und verzagen,
unsere Hochzeit müssen wir nur vertagen.
Bald können wir unsere Liebe mit Ringen besiegeln,
schon in zwanzig Jahren wird man das Schloss entriegeln.

SCHWARZE SCHWEINE

Lautlos schwebten schwarze
Schweine durch den nächtlichen Himmel.
Das zitternde Gras hinderte uns,
den übermächtigen Schlaf zu finden.
Stattdessen starrten wir
in nachttrübe Abgründe
des Universums und
mit tränenverhangenen Augen
beobachteten wir das seltene Spektakel
der orbitierenden Klauentiere.
Ein Anblick, den wir nie vergessen werden.

NICHTS

Plötzlich stehst du da und hast nur noch dich!
Dich selbst!
Nur, was hast du davon? Bist du nur wer, wenn du etwas hast?
Dich selbst?
Sind Dinge, mit denen du dich täglich umgibst, deine Identität?
Bist du das?
Hast du noch Identität, wenn du nichts mehr hast, außer
dich selbst
und deine Kleider?
Wer bist Du?
Plötzlich stehst du da und hasst nur noch dich?
Dich!

MÄNNER

Männer machen es Frauen selten recht,
sind halt Männer – echte Egos.
Zwar sind sie auch nicht immer schlecht,
benehmen sich doch selten makellos.

Ein Mann ist für solche Frauen attraktiv,
die ein ideales Bild vor Augen haben.
Doch ihr Handeln wirkt oft abrasiv,
wollen alles Schlechte von ihm schaben.

Und ist er dann rein und gänzlich glatt,
so wie die Frau ihn haben wollte,
dann wird leicht die Liebe blass und matt,
wie Liebe niemals sein sollte.

Drum Frauen lasst die Männer bleiben
wie von Natur aus sie auch sind,
nicht deren Naturell wegreiben,
denn übrig bliebe nur ein Kind.

STREUNENDE GEDANKEN

Streunende Ideen überdauern das Tageslicht,
enteilte Phantasterei an der Realität zerbricht,
Imaginäres kaleidoskopisch vorbeigeschlichen,
Farben, Formen heimlich der Düsternis entwichen.

Fixe Fiktionen dem Untergrund enthoben,
Geistesgüter nebenbei vorbei geschoben,
Schlösser der schwülen Luft entrissen.
Gedankenwelten verwandeln sich in Wissen?

Waberndes Halbgares fliegt frei herum,
erhellendes Denken bleibt lieber stumm,
tiefer Glauben bringt dich ins Wanken.
Gewissheit? Nur streunende Gedanken.

RACHENGOLD

Niemand der es mit mir aufnehmen kann,
nirgendwo findet sich ein besserer Mann,
in der Kneipe an der Ecke bin ich berüchtigt,
vor mir hat sich noch jeder verflüchtigt.

Man nennt mich hier den einsamen Schwamm,
bin ich auch noch so betrunken und stramm,
schlucke weiterhin alles, lass kein Glas stehen,
bleibe an der Theke, werde nicht gehen.

Denn ich bin der Kipper, man nennt mich den Trichter,
und bin ich auch dicht und werd noch viel dichter,
mach einfach weiter bis die letzte Flasche geleert,
Maßlosigkeit ist das Betragen das mich hier ehrt.

Man nennt mich auch die Prozentewanne,
man reicht mir kein Glas, man reicht mir die Kanne!
Dem verchromten Siphon unter der Spüle gleich,
von Schnaps vergoldet ist mein Rachenreich.

ICH UND PAUL CELAN

Ich las ein Gedicht von Paul Celan
und dachte nur: Oh Mann oh Mann!
Das ist so toll, das will ich auch
und hörte augenblicklich auf den Bauch.

Und aus dem Inneren vernahm ich Töne,
Wörter, Sätze, so ganz schön schöne.
Schrieb sie aufs Papier darnieder,
und siehe da, sie waren bieder.

Sie waren schlicht, schlicht einfallsarm,
nicht aus dem Bauch, eher aus dem Darm.
Nun weiß ich: Celans geniale Geistesblitze
werden bei mir nur Verdauungswitze.

DER STUHL

Der profane Stuhl ist ein bekanntes Möbel,
verbreitet auch beim dümmsten Pöbel.
Und mein Urteil hier, das ist jetzt barsch,
manchmal sitzt auf ihm der letzte Arsch.

GUTE LAUNE

Können wir die Welt denn komisch nennen,
ist das Leben wirklich fröhlich und amüsant?
Oder sollten wir stattdessen eher flennen,
denn: wir haben nur die Realität verkannt.

Ist das was wir erleben nicht vielmehr grotesk,
was wir darstellen verschroben und bizarr,
wie wir uns benehmen höchstens clownesk,
jeder verhält sich wie ein dümmlicher Narr?

Nun denn, wenn das Leben auch albern und lachhaft ist,
eines kannst du sicherlich gut gelaunt noch machen,
gerade wenn du schrullenhaft und wunderlich bist,
dann kannst du immer noch über dich selbst doch lachen.

ZWEI FINKEN

Ein Fink begann ein Nest zu bau´n,
ein anderer brach einen Streit vom Zaum
und wollte es dem ersten klau´n.
Nun kloppen sich zwei Finken im Baum.

DEN BOGEN GEKRIEGT

Es klagten im Orchester zwei Bassisten,
die plötzlich schmerzlich sehr vermissten
ihre Bögen, die eben noch die Saiten strichen,
in der Pause waren sie flink entwichen.

Diese wollten nicht nur Saiten streichen,
dieses wollte den Bögen nicht mehr reichen,
vielmehr wollten sie eifrig tapezieren,
Farbe heiter an die Wände schmieren.

Nicht über die Därme kläglich wimmern,
wollten auch mal richtig zimmern,
wollten auf das Holz rauf klopfen
und auch eine Leckage stopfen.

Und in den Pausen fröhlich Indianer spielen
und als Bogen auch gespannt mal zielen,
spitze Pfeile scharf auf Cowboys verschießen,
Bleichgesichterblut in Strömen vergießen.

Aber sie fanden keine Mitgesellen,
keiner wollte sich dem Abenteuer stellen.
Da waren die Bögen der Cellisten,
die sich prompt verschreckt verpissten.

Und die Bögen der Bratschisten und der Geiger
verweigerten sich und waren noch viel feiger,
versteckten sich heimlich im Geigenkasten.
Oh wie die Bassbögen sie dafür hassten.

Doch schon bald erkannten die Bögen der Bassisten,
dass sie Talente zum Handwerkern doch vermissten,
Tapezieren, Zimmern kamen überhaupt nicht in Frage,
denn das war nun wahrlich gar nicht ihre tiefe Lage.

Und alleine Indianerspielen bringt auch kein Entzücken,
die Bassbögen also kehrten zurück aus freien Stücken.
So fanden sich letztlich vollzählig alle Bögen wieder
und spielten im Orchester wieder harmonisch Lieder.

UMGESTALTUNG

Ich kannte eine Dame namens Meta,
mit Zweitnahmen vielleicht auch Beta,
mit Nachnamen hat sie Morp geheißen,
trug häufig Hosen, gern die weißen.

Obschon, weiß bei Hosen ist interessant,
nur zu gut ist allerseits bekannt,
am Saum, am Knie, bestimmt am Po,
weiß verschwindet, das ist wohl so.

Doch Meta machte das nun gar nicht viel,
kreierte dagegen einen ganz neuen Stil,
ihre Hosen durchliefen Metamorphosen,
der neueste Look: Meta-Morp-Hosen.

NEUES ZU WEIHNACHTEN

Das Rentier ist das beliebte Weihnachtstier,
bringt Geschenke gern zu dir und mir.
Doch warum nicht mal jetzt im Advent
auch ein heimisches zotteliges Wisent.

ZUM KICHERN

Ich kitzelte einen kalten Leichnam
und kam danach bald in Gewahrsam,
verhaftet von zwei lustigen Polizisten,
die sich vor Vergnügen fasst bepissten.

BOHRENDE EINSICHTEN

Berti bohrte gern in der Nase,
sagte dann zu Gerti: Hase,
willst du auch dies Erlebnis haben,
musst du an der Nasenwand schaben.
Wir können uns am Bohren berauschen
und dann auch gerne tauschen.

EHE

Eintracht ist der Ehe hehres Ziel,
Harmonie bedeutet in der Ehe viel,
Ehrlichkeit in der Ehe ist ein Muss.

Eifersucht bereitet der Ehe Verdruss,
Horror wird das Leben nun zu Zweit,
Elend macht sich in der Ehe breit.

VERFALL

Versteinerte Gedanken im Geröll der Erinnerung gefangen,
erstarrte Gefühle niemals zum Gegenüber gelangen,
Fossilien dem geschundenen Geist entsprungen,
haben mit Verwesung und Verfall gerungen.
Und die Verse werden jetzt hier kurz,
wie es weiter geht ist mir schnurz.
Wie Gedanken ist auch Geröll,
ausgespuckt wie Gewöll´,
also auch das Gefühl
unnötiges Gewühl.
Alles nur Verfall,
da, hier überall.
Mein Gedicht
noch nicht.
O doch!
Och.
So!
O.
-
.

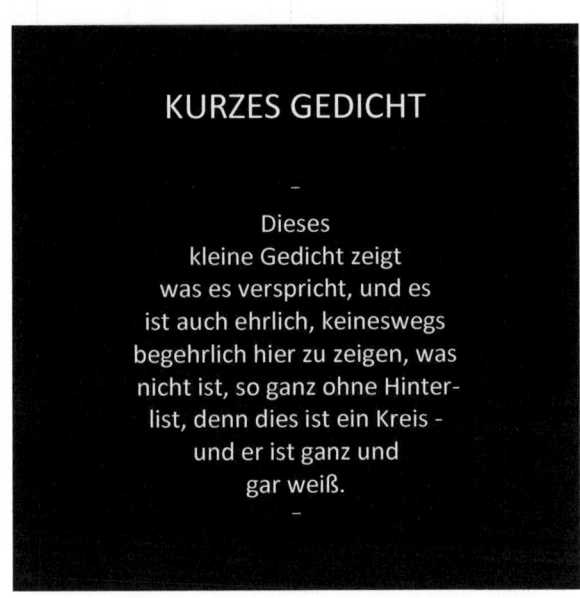

KURZES GEDICHT

–

Dieses
kleine Gedicht zeigt
was es verspricht, und es
ist auch ehrlich, keineswegs
begehrlich hier zu zeigen, was
nicht ist, so ganz ohne Hinter-
list, denn dies ist ein Kreis -
und er ist ganz und
gar weiß.

–

EINGEWÖHNUNG

Das ist hier für dich bestimmt ein Schmaus,
doch folgt auf Schmaus sehr oft ein Graus.
Diese Buchstaben fallen dir in den Schoß
und diese sind auch noch ziemlich groß.
Doch das soll hier mitnichten bleiben.
Auch diese dürfen nicht verweilen,
damit gleich die Zeilenbreite reicht.
Lesen wird nun nicht mehr leicht.
Allerdings das folgende Gedicht,
so klein wird es sicherlich nicht.
Noch kleiner wäre absolut
für die Augen gar nicht gut.

ZUNEHMENDE GEDANKEN

!
?
A!
Na?
Sieh!
Und wie?
Nun lese doch!
Ja was denn noch?
Jetzt kommt ein Gedicht.
Das sehe ich längst noch nicht.
Na hier, du bist schon mitten drin.
Ach, das macht doch alles keinen Sinn.
Und ob, ich will es auf der Stelle dir erklären.
Na gut, wer wäre ich, würde ich es dir verwehren.
So fahre ich fort in diesem Werk und du wirst staunen.
Aber vielleicht werde ich nur höflich meinen Unmut raunen.
Meine Gedanken kullern wie Kiesel in der Brandung am Strand,
finden niemals Ruhe, hin und her gezogen vom unsichtbaren Band.
Doch manchmal gesellt sich ein Bernstein dazu, noch nicht geschliffen.
Doch welch ein Glanz wenn er poliert, was er uns sagt, ich bin so ergriffen.
Mein Geistesgut, ich werde es schleifen, putzen, sodass es niemals verderbe!
Ach was, was du da hast im Kopf gefunden ist doch nur eine zerkratzte Scherbe.

44

ABNEHMENDE WEISHEITEN

Wenn du das linke Bein nachziehst, dann gehe mit dem rechten voran.
Unvermögen ist das Häufigste was bestimmt jeder jederzeit kann.

Schnell bringt die Langsamkeit dich zum schlechten Ende.
Und stehenzubleiben ist noch längst keine Wende.

Bei Licht betrachtet ist Dunkelheit nichts wert.
Geistige Helle ist nicht immer unbeschwert.

Fächer können schnell Feuer anfachen,
doch lasse lieber solche Sachen.

Keineswegs alle Weisheiten
werden sich je verbreiten.

Fragen machen schlau,
ärgern auch wie Sau.

Auch hier ein Platz
für einen Satz.

Außer Sicht
eher nicht.

O doch.
Och.

—
.

ZUNEHMENDE SILBUNG

Ich
brich
mich
nich´.

Denk ich,
bin ich
sichtlich
glücklich.

Wir denken
soll lenken,
einrenken,
bedenken.

Denken wir wirr
macht uns das kirr,
im Geist Geschwirr.
Werden wir irr?

Der ganze Wirrwarr
ist uns nun auch klar
und ganz bestimmt wahr.
Der Sinn bleibt hier rar!

SCHICHTUNG

Ich schichte jetzt hier Zeilen
mit Buchstaben die fortan verweilen,
die sich zu Wörtern finden
und sich zu Versen auch verbinden.

Auf dem Schreibtisch wird nun aufgeräumt,
manch ein Termin wurde eh versäumt,
alles wird zum Stapel zurecht geschoben,
das Wichtigste findet sich niemals oben.

Dann werden T-Shirts sauber gefaltet,
ordentlich zum Stapel gestaltet,
ein Berg von Handtüchern erstellt,
der niemals auseinander fällt.

Und im Keller wird eifrig sortiert,
alles Aufbewahrte klassifiziert,
Ordnung wird wieder hergerichtet,
Kartons und Boxen aufgeschichtet.

Alsdann schichte ich einen Stapel Holz,
und darauf bin ich auch sehr stolz,
wenn er in die Höhe strebt
und morgen noch zur Gänze lebt.

Und dann die Schichtung in der Form,
dafür benötige ich auch keine Norm,
Kartoffeln, Blumenkohl, Käse zuhauf,
fertig ist der schlichte Gemüseauflauf.

Jetzt stapele ich mal das und dies,
in der Küche auch Fleisch auf dem Spieß,
in den Schränken Tassen und Teller,
gestapelt findet man vieles schneller.

Und auch mein Dasein wird geschichtet,
bei hellem Schein deutlich belichtet
waren es Flauten, hat es gestürmt,
hat sich zu meinem Leben aufgetürmt.

Und auch im Körper wird eifrig geschichtet,
immer mehr wird vom Arzt gesichtet,
hier eine Krankheit und da auch Verschleiß,
addiert, potenziert sich zum unendlichen Scheiß.

Und die Übel, die mit den Jahren kamen
gediehen prächtig wie im Regen die Samen,
ein Unglück und noch eins wird berichtet,
Leid für Leid wird aufgeschichtet.

Wenn Mühsal und Leid das Dasein überschattet,
so sind wir schließlich auch schrecklich ermattet.
Und nicht enden will dieses ermüdende Gedicht,
doch jetzt aber mach ich lieber – Schicht.

ALTERS-MATHEMATIK

Als ob die Welt sich schneller dreht,
der Wind auch sehr viel kälter weht,
die Tage Wochen Monate fliegen,
als wollten sie die Zeit besiegen.

Jahr für Jahr wird stetig aufaddiert,
körperlicher Verfall wird flott summiert,
wir stemmten uns vehement dagegen,
doch nur der Wille ist auch kein Segen.

Vom Rest des Lebens wird subtrahiert
Jahr für Jahr für Jahr, ganz ungeniert.
Jahr für Jahr wird die Erfahrung reicher,
doch die Haut wird blass und bleicher.

Die Anzahl Freunde wird dividiert,
manch Bekanntschaft sich verliert,
dezimiert auch der Familienkreis,
bis man nicht mehr die Namen weiß.

Kumuliert wird Pech, Pein und Qual,
Krankheiten kommen in großer Zahl,
Beschwerden sich munter multiplizieren
und jedes Wohlgefühl schmerzhaft negieren.

Und aus fiesen Variablen werden Konstanten,
unendlich groß die vormals unbedeutend Genannten,
rational gedacht werden sie für immer verharren.
Der goldene Herbst? Nur Blei die Barren!

Die Leiden vermehrten, potenzierten sich,
bis man mit Schmerzen zu früh verblich.
Wir wähnten zwar das Altern zu besiegen,
doch logisch ist, dass wir bald im Kasten liegen.

IRRE

Ja Wirre mein
mein Wirre du
lass wirr mich sein
und sieh nun zu
nein irre ich
ich irre dein
lass Irrlicht mich
dein Wirre Schein

Gute Güte
du das Gute
wie ich wüte
und vermute
ich werd doch sein
auch wenn ich irr
für immer dein
und rede wirr

Ach Kirre dein
dein Kirre du
lass kirr mich sein
und wirr dazu
nein kirre ich
ich kirre dein
lass Kehricht nicht
alleine sein

Kehr ich doch nun
die Wirre weit
was werd ich tun
an deiner Seit
nun wirst auch du
das Irre bläht
wir sehen zu
es ist zu spät

Uns Wirre wir
wir wirren jetzt
steht Kirre dir
auch Irr zuletzt
das Irrlicht scheint
ganz widerlich
und uns vereint
jetzt dich und mich

OLFAKTORISCHE ERKENNTNISSE

Im Garten wächst die Rose,
welch Blüten hat sie besessen.
In der Küche stand die Dose,
mit Keksen, die habe ich gegessen.

Ich sah sie an die Rose,
die Königin der Blumen.
Und blickte auf meine Hose,
entdeckte viele Krumen.

Ich roch an dieser Rose,
das war ja so beglückend.
Es roch auch meine Hose,
das fand ich sehr bedrückend.

FLIEGEN

Der Märchen-Vogel Roch
und, wie heißt er denn noch,
konnten beide sehr weit fliegen,
der eine konnte sogar so oft siegen.
Dieser segelte aber nur den Hang hinab,
doch Roch hebt auch von jedem Boden ab.
Was beim Vogel Roch aber eher märchenhaft,
hat beim anderen vielleicht die Bulimie geschafft.

DIE BÖSEN BUBEN

In sieben kleinen Puppenstuben
lebten sieben böse Buben,
Mädchen waren längst ausgeflogen,
weil Buben an den Haaren zogen.

Was für sieben Buben war ein Spiel,
für sieben Mädchen war´s zu viel,
doch die Schmerzen waren verflogen,
nachdem sie eiligst weggezogen.

Und die sieben süßen Mädchen
zogen in ein anderes Städtchen,
suchten sich sieben nette Kerle,
jeder einzelne die beste Perle.

So spielten böse Buben eben
frech das Junggesellenleben,
und spielten nicht mit sieben Puppen,
zogen lieber an selbst gedrehten Fluppen.

Doch bald schon vermissten diese Buben
die Mädchen aus den Puppenstuben,
denn nun konnten sie sich nicht paaren,
die einstmals zogen an den Mädchen-Haaren.

Und ausstarben diese bösen Buben,
Unbekannte sie eiligst vergruben.
Und die Puppenstuben standen leer,
keiner vermisste diese Buben mehr.

Und man vergaß die bösen Buben,
doch in den leeren Puppenstuben
fand man für viele, viele Jahre
einst ausgerissene Mädchen-Haare.

Wenn ihr meint, dass ich hier mit der Wahrheit spare,
denn gar nicht der Mädchen, sondern meine Haare
sind es, an denen ich dies alles habe herbeigezogen.
Auch wenn ich flunkere, bleibt mir trotzdem gewogen.

SCHABENDE ERKENNTNISSE
oder CORONA FREUDEN

Berti saß vor dem Fernseher, ganz verzückt,
wurde vor Vergnügen fast schon verrückt,
sagte: Gerti, Hase, lass uns jetzt gleich testen,
im Nasenwandabschaben sind wir die Besten.

TROPFEN

T
Tr
Tro
Trop
Tropf
Tropfe
Tropfen
Tropf Tropf
Tropfen Tropfen
Tropfe TropfeTropfe
Tropfen Tropfen Tropfen
Tropfen Tropfen Tropfen Tropfen
Tropfen Tropfen Tropfen Tropfen Tropfen
Tropfen TropfenTropfen Tropfen Tropfen Tropfen
Tropfen Tropfen Tropfen Tropfen Tropfen Tropfen Tropf
Tropfen Tropfen Tropfen Tropfen Tropfen Tropfen Tropfe
Tropfen Tropfen Tropfen Tropfen Tropfen Tropfen Tropfen
Tropfen Tropfen Tropfen Tropfen Tropfen Tropfen Tropfe
Tropfen Tropfen Tropfen Tropfen Tropfen Tropfen Tropf
Tropfen Tropfen Tropfen Tropfen Tropfen Tropfen
Tropfen Tropfen Tropfen Tropfen
Tropfen Tropfen
Nass

FLECK

```
               FFFFF
             FFFFLLLFFF
         FFFLLEECKCEELLFFF
       FFFFLLEECCKKCCCEELLFFF
      FFFFLLLLEEEECCKKKKCCEELLFFF
    FFFFFFFLLLLLEEEEECCKKKKKCCEELLFFF
  FFFFFFFFFFFFFLLLLLLLEEEECCCKKKKKKKCCEELLFFf
FFFFFFFFFFFFFFLLLLLLLEEEEEECCCCKKKKKCCCEEEELLFFF
   FFFFFFFFFFLLLLLEEEEEEEEECCCCKKKKKKCCCCEEELLLLLFFF
FFFFFFFFLLLLLLLLLEEEEEEECCCCCKKKKKKCCCCEEELLLFFFF
   FFFFFFFFLLLLLLLLLEEEECCCCKFleckKKKCCCEEEEEELLLFFFF
     FFFFFFFFFFLLLLLLLEEEEECCCKKKKKKKKKKCCCEEELLLLFFFFF
       FFFFLLLLLLEEEECCCKKKKKKKCCCCEEEELLLLLFFFFFF
         FFFFLLLLEEEECCKKKKKKKCCCCEEEELLLLFFFFFF
          FFFFFLLLLEEEECCCKKKKCCCCEEEELLLLFFFF
            FFFFFLLLEEEEECCCKKKCCCEELLLFF
           FFFLLLEEEECCKKCCCEELLFF
          FFFLLLEEEECCCEELLFF
               FFFFF
```

IIII	IIII	IIII	IIII	HHHH	!!!!
IIII	IIII	IIII	IIII	HHHH	!!!!
IIII	IIII	IIII	IIII	HHHH	!!!!
IIII	IIII	IIII	IIII	HHHH	!!!!
IIII	IIII	IIII	IIII	HHHH	!!!!
IIII	IIII	IIII	IIII	HHHH	!!!!
IIII	IIII	IIII	IIII	HHHH	!!!!
IIII	IIII	IIII	IIII	HHHH	!!!!

FINSTERE GEDANKEN

Meine scheuen Verse meiden das Tageslicht,
erst wenn das Licht in der Dämmerung bricht,
die grauen Schatten sich zur Nacht ausdehnen,
werde ich mich nach dem Dichten sehnen.

Und erst wenn die Dunkelheit überhandnimmt
haben meine Gedanken sich darauf eingestimmt,
werden düstern Lyrik, Poesie erklimmen,
bis alle lichtlosen Verse, Reime stimmen.

Und ich werde in Finsternis baden,
Düsternis erleiden in höchsten Graden,
mich nach Angst mit Freuden verzehren,
Furcht wird meine Dichterkunst mehren.

Und ich werde den Schrecken beherzt empfangen,
phobische Erkenntnis gleich lechzend erlangen,
zur Geisterstunde dann, zur Mitternacht
habe ich mein finsterstes Werk vollbracht.

Ach was, alles hier ist bei Tageslicht entstanden,
alle Gedanken schon bei Sonnenschein vorhanden.
Zu dichten bei Tage bemühe ich mich,
wenn es dunkel wird dann schlafe ich.

SOSO

Soeben hatte das Telefon schrill geklingelt
soeben fühlte ich mich extrem umzingelt
sollte ich den Hörer fassen
sollte ich das lieber lassen
so sehr ich darüber philosophierte
so sehr ich auf den Hörer stierte
sozusagen wie der Hase viel zu lange
sozusagen starrte auf die gefährliche Schlange
sofort fiese Gedanken mir gleich kamen
sofort mir die Unbeschwertheit nahmen
sodass ich heimgesucht von fiesen Übeln
sodass ich verfiel ins betrübte Grübeln
sofern ich das Geklingel nicht ignorierte
sofern den Hörer nicht nur fixierte
sondern beherzt den Hörer greifen könnte
sondern dem Anrufer Wertschätzung gönnte
sosehr ich dies denn wirklich wollte
sosehr ich es auch ehrlich sollte
sooft in all meinen Jahren
sooft ist mir dies widerfahren
soweit das Klingeln erzeugt diesen Bann
soweit ich mich erinnern kann
sodann keimt Hoffnung und in spe
sodann folgt auf o bestimmt das p
so hört bald auf dies dumme Gezeter
so gehe ich ran — vielleicht später

LYDIA UND LEANDER

Lydia legte ihre Lyra beiseite,
legte sich zu Leander auf das Laken,
und sie sich gern für ihn befreite,
knöpfte auf, löste Ösen von Haken.

Jedoch darüber erschrak Leander,
wollte er doch lieber etwas von ihr hören,
natürlich liebten sie inniglich einander,
doch sollte sie ihn mit der Lyra betören.

So entschied Leander sich zum Handeln,
erhob sich eilig von dem Laken,
beendete eiligst Lydias Bandeln,
knöpfte zu, verband Ösen mit Haken.

Die Lydia darüber sehr überrascht,
und natürlich auch maßlos erbost,
wie gern hätte sie Leander vernascht,
geküsst, gestreichelt und liebkost.

Doch Leander hatte ihr den Spaß verdorben,
und sie wollte ihn nun nicht mehr betören.
Fortan war Leander für Lydia gestorben,
und mit der Lyra werde sie ihn auch nicht stören.

SÜSSES SEHNEN

Wonach ich mich heute sehnlichst sehne,
nach luftiger, süßer aufgeschlagener Sahne!
Und was ich hierzu überaus ablehne,
dass mit erhobenem Finger einer mahne:
Das macht nur dick, die ist zu fett!
Sowas will ich bestimmt nicht hören.
Solche Ratschläge sind nicht nett,
sie wollen meinen Genuss nur stören.

Und zu der Sahne gesellt sich Kuchen,
Freudentränen mir in die Augen schießen,
denn Zucker darin will ich nicht suchen,
Süßes aus vollen Zügen will ich genießen.
Und was ich hierbei äußerst hasse,
ist die viel zu gutgemeinte Predigt,
den Hinweis, also bitte unterlasse,
dass der Zucker die Zähne schädigt.

Und mein Kuchen besteht aus Mehl,
aus dem guten weißen Weizen.
Und auch daraus mach ich keinen Hehl,
denn er darf schon gar nicht geizen
mit der Butter, der goldgelben,
und die Eier dürfen nicht fehlen,
ruhig ein frisches mehr derselben,
niemand soll mir diesen Segen stehlen.

Das ist Vergnügen das ich mir gestatte,
es ist mir eine tägliche Freude.
Und ich bin es leid, zu hören die Debatte,
nichts womit ich meine Zeit vergeude.
Man darf auch über die Strenge schlagen,
ich störe mich nicht am kleinen Bauch.
Man muss sich nicht jede Lust versagen,
und übrigens: Asketen sterben auch.

SEHNSUCHT

Der Blick auf dich, welch Vergnügen, welch süße Frucht.
Doch ich ertappe mich, durchdrungen von Sehnsucht,
denn ich habe nur eine eingeschränkte Durchsicht,
deine schwarze Strumpfhose ist auffallend blickdicht.

Deine schlanken Fesseln unter dunklem Stoff verborgen.
Doch über versperrte Aussichten mache ich mir keine Sorgen,
welch Schauspiel, wenn mein Blick den lichten Stoff durchbricht,
denn blickdicht ist deine weiße Bluse bei weitem nicht.

STETS ANNA
FAKULTATIVES PALINDROM

otto stets neben anna
anna otto stets neben
neben otto anna stets
stets anna neben otto

otto anna neben stets
stets otto neben anna
anna stets otto neben
neben stets anna otto

otto stets anna neben
neben anna otto stets
stets neben otto anna
anna stets neben otto

otto neben stets anna
anna otto neben stets
stets otto anna neben
neben anna stets otto

otto anna stets neben
neben otto stets anna
anna neben otto stets
stets neben anna otto

otto neben anna stets
stets anna otto neben
neben stets otto anna
anna neben stets otto

ZWEI ADDITIONEN

Summ
Summ
Summ

Mücke

Mücke
Patsche

Fleck

ZWEI SUBTRAKTIONEN

Schuster
Beine

Torso

Frühling
Sonne
----
kalt

METEOROLOGISCHES ERKENNTNIS

Eben noch zeigte der Himmel ein strahlendes blau,
jetzt bedeckt er die Welt mit trüben tristen grau.

Alle bisher leuchtende Farben werden blass,
auch das bis dahin feuchte fette grüne Grass.

Die Wettergötter stellen sich schon wieder bloß,
ihr Wetterwissen ist das Gegenteil von groß.

Und in mir erblüht der melancholische Blues.
An die Meteorologen ein jammervoller Gruß.

DER SCHLÄCHTER
ODER
ZWIEGESPRÄCH

Ich bin der Schlächter,
bin nicht nur Pächter
von Macht und Gewalt,
ich bin das Böse in wahrer Gestalt.

Ich möchte zu bedenken geben,
ist es Herrschaft und der Zwang,
ist es das wonach wir streben,
ist das nicht ein kümmerlicher Drang?

Was soll das Geschwätz,
mich gängelt kein Gesetz.
Ich mache hier die Regeln,
unter meiner Flagge wird man segeln.

Ein kleiner Einwand sei gewagt:
was, wenn ein Stärkerer anrückt,
und der auch gar nicht verzagt,
und gegen dich das Schwert nun zückt?

Wer sollte dies denn wagen?
Ich würde ihn überragen,
lebensmüde, wer es sich traute,
und glücklich, wenn ich ihn nur verhaute.

Ich will kein Spielverderber sein,
das Schneiderlein kennst du gewiss.
Du stellst jetzt nur dir selbst ein Bein,
er gewann, wenn auch mit Schiss.

Ich bin nicht das Schneiderlein!
Wer wollte das auch sein?
Ich bin nicht der dürre Wicht,
nein, das bin ich sicherlich nicht!

Andere Lärmer lebten auch im Wahn,
nur auf die Größe käme es an.
Doch zog man ihnen schnell den Zahn
und sogleich deren Verderben begann.

Aber ich bin der Schneider,
zerstückele elende Leiber,
mache nicht nur Lärm,
reiße aus das stinkende Gedärm!

    Du bist ein Schreier und mehr nicht,
    du machst dich lächerlich mit deinem Lärm.
    Verglühen wird dir bald dein Licht
    und Geschrei schädigt dein Gedärm.

Ich vernichte wonach es mich gelüstet!
Ich bin mit schärfsten Waffen gerüstet!
Dein Geplapper ist doch stumpf,
ich klopp dich in die Erde bis zum Rumpf!

    Ach, du wirst dich doch nicht trauen,
    denn ich bin klein, so klitzeklein.
    Und Zwerge wirst du nicht verhauen,
    willst du denn auch noch unfair sein?

Jetzt habe ich es satt, dir zuzuhören,
du sollst mich nicht noch länger stören.
So müde macht mich deine Schwafelei.
Ich gehe jetzt, letztlich bist du mir nur Einerlei.

    Der Worte sind die allerschärfsten Waffen,
    körperliche Gewalt macht dich nur klein.
    Und manch Grobian macht sich zum Affen,
    denn der Riese war nur ein Entfernungsschein.

UND WENN SO

So
und
wenn
so denn
wenn dies
so auch fies
wenn es naht
und es fehlt Rat
wenn du so spürst
und dich nur rührst
wenn du fast erblasst
und dich etwas anfasst
wenn du verstört lauerst
und du nur zaghaft kauerst
wenn der Zustand anschwillt
und du glaubst du wirst gekillt
wenn es schon wieder so weit ist
und du an der Klippe zur Panik bist
wenn Geister wieder sichtbar fliegen
und Gespenster heiter spielen Kriegen
wenn aus Nebeln fahle Gestalten steigen
und du hörst den sphärischen Feen-Reigen
wenn Körper über das Parkett nur schweben
und schwarze Schatten erwachen gleich Leben
wenn jemand spricht mit geschlossenem Munde
dann zeigt die Uhr logisch schon die Geisterstunde

ÜBERALL

Was ist hier Wahrheit, was Spekulation?
Überall Meinung und nur Suggestion!
Wer setzt die Normen, wer schreibt Gesetze?
Überall Richter und ganz viel Geschwätze!
Wo ist die Richtung, wo ist der Staat?
Überall Verwirrung, nicht mal ein Pfad!
Wie geht es weiter, wie fahren wir fort?
Überall Erregung, jeder hat das letzte Wort!
Wohin geht die Reise, wohin wir uns bewegen?
Überall Gestümper, die Zukunft wird´s belegen!
Weshalb das Ganze, weshalb dies mangelhafte Sein?
Überall das Selbe und wir fügen uns bereitwillig ein!

ACH DUDA

Ach du, als Eros heißer Hauch mich so wohlig warm anwehte,
sofort verfiel ich dir, du, du, meine viel vergötterte Margarethe.

Du, du bist mir Verheißung, du, du teuerste Angebetete,
oh wie ich dich liebe, begehre, du, du allerallerliebste Grete.

Du Marga, du bist mir die Perle, du bist mir das Kind des Lichts,
du zeigst mir den Weg, bist mir Erlösung, ohne dich wäre ich nichts.

Du nennst dich nicht Marga, nicht Grete, heißt nicht Margarethe?
Ach ich vergaß, du, du, nennt dich doch jeder die schöne Käthe.

Welch bezaubernden Namen du trägst, du bist mir der Gipfel,
Kaja du, ich erflehe deine Liebe, und wenn auch nur einen Zipfel.

Oh Trina, du, du, lass uns doch begegnen an der Weges Gabel,
dort zwischen den Welten, wo du wachst ist für mich der Nabel.

Du, du, bist mir Hekate, meine Göttin, verzauberst mich mit Magie,
oh, du, du, so verliebt, liebste Kathy, wie in dich war ich noch nie.

Oh Katharina, du, du bist mir die erbetete Wächterin an den Toren,
lass mich nicht in der falschen Welt allein schmachtend schmoren.

Ach, Katharina heißt du auch nicht, und ich weiß, nicht Margarethe?
Ach, du bist dann wohl die Falsche, die ich so begehrend heiß anflehte.

ZWEIHUNDERTUNDSIEBENUNDDREISSIG
MINUTEN

Nachdem ich zweihundertundsiebenunddreißig Minuten,
zu ihnen gehörten die schlechten wie die guten,
mit der mir gegenüberstehenden schwach strukturierten,
aschgrau, porös und wenig konturierten
Stahl-Betonwand lautlos kommunizierte,
benötigte ich dringend Erholung und stierte,
verharrte dreiundvierzig Minuten in Bewegungslosigkeit,
übte mich in stiller, stummer Bescheidenheit.

Nicht, dass ich mich während der Konversation,
zurückhaltend, in vornehmer, nobler Distinktion,
mit dem spröden Material wenigst bewegt hätte,
auch meine Gesichtsmuskeln blieben an ihrer Stätte,
habe mit Anstrengung mir absolute Ruhe verfügt,
jedwede Bewegung wurde sofort gerügt,
das geringste Zucken habe ich mir verbeten
und das Reich der Starre geräuschlos betreten.

Diese Wirkung des Gefüges aus Sand und Gestein,
das mineralische Gemenge ohne Sinn, ohne Sein,
das ich durchdachte, analysierte und taxierte,
mit Blicken vermaß und zum Grübeln tendierte,
die Poren vermaß wie im Himmel das Gestirn,
Sternbilder in der Fläche entdeckte mein Gehirn.
Und die allerletzte Weltordnung hat sie mir zugesandt:
ich, gefangen im Kosmos, in der gegossenen Wand.

ANSAGE AN DIE LETZTEN WINTERTAGE

Der Winter hat uns nicht belogen,
hat sich nochmal weiß angezogen,
hat die Welt in eisige Watte gehüllt,
und ich ihm wild entgegen gebrüllt:
Verschwinde du mit deinem Frost,
du elender Peiniger mit kalter Kost!
Ich hab dich satt, du bist mir zuwider,
auf dich sing ich keine schönen Lieder.
Verschwinde bloß und mach die Biege,
der Frühling liegt schon in der Wiege,
doch traut er sich nicht, denn er ist zart.
Und du mit Eis, du bist so hart,
zerstörst mit letztem Atemzug,
was schon der Frühling mit sich trug.
Die ersten Knospen, Blätter vergehen,
willst du das denn nicht verstehen?
Sie vertragen deine Temperaturen nicht,
die Blüten brauchen Wärme, Licht.
Ach harter Winter, los verschwinde,
und nimm sie mit, die kalten Winde.
So lang du da bist geh ich nicht raus
und bleib trübselig im warmen Haus.

WENDY UND MANDY

Wendy wusste wie man winkt,
und Mandy hat irgendwie gehinkt.
Und winkt die Wendy heute heiter,
hinkt die Mandy auch noch weiter.

Doch wenn Mandy gestern winkte,
ist es Wendy die dann hinkte?
Wäre Mandy dann auch heiter,
wenn die Wendy hinkte weiter?

Doch noch winkt die Wendy,
und es hinkt auch noch die Mandy.
Wendy winkt weiter und weiter,
Mandy wirkt hinkend nicht heiter.

WINTER WEHE

Winter wehe, Winter ach,
Schleier der verhangenen Wolken wollen lügen,
Schlieren von weiß vertreiben kein grau.

Ach Winter, Winter wehe,
Flocken flirren und sie werden betrügen,
jeder friert wie eine arme Sau.

Wehe Winter, Winter ach,
Monate im Dunklen, ich schrei ihnen entgegen,
nur Folter ist es was ihr bringt.

Ach Winter, wehe Winter,
der Schnee, das Eis kommt nie gelegen,
die tote Zeit, wie sie mir stinkt.

MEERESKLAUEN

Die Tintenfische im Meer erschraken
über die schlechte Schrift der Kraken.
Die Kraken können nur unleserlich krakeln.
Doch mit schwarzer Tinte und Tentakeln
können Tintenfische auch nur krickeln.
Und manch Fisch muss herzhaft gickeln,
mit diesen mangelhaften Meeresklauen
lässt sich doch keine Literatur aufbauen.
Doch so ein Fisch ist ein dreister Genosse,
denn er schreibt niemals mit der Flosse.

EINSAMSEIN

Worte wie Wind, Stille wie Stein,
so fühlt es sich an das Einsamsein.
Fiktionen erkundet, Gedanken gefroren,
das ist der Preis, ins Kalte geboren.
Hoffnung vergangen, Zukunft vergeben,
wonach sollten wir noch streben?

Im Wind die Worte, steinige Stille,
Einsamsein unser letzter Wille.
Erdachtes verachtet, Gedanken vergällt,
Kälte zum Verlassensein hinzugesellt.
Enttäuschte Erwartungen, Künftiges verloren,
erstarrtes Leben, ins Stillsein geboren.

TRAURIGES DICHTERLEBEN

Traurig ist das Dichterleben,
will er doch nach Höherem streben,
doch nie zufrieden mit der Strophenzahl,
aufgerundet, abgeändert, mal um mal,
an den Versen reiflich rumgefummelt,
und dann doch den Reim verbummelt,
Versmaß, Versfuß, welche Zahl,
ach das ist doch eine Qual,
bis er sagt, nun ist's vollbracht,
doch dann hat er nicht bedacht,
das Ändern hat der Logik geschadet,
viel zu sehr im Lyrischen gebadet,
Inhalt, Substanz blieben auf der Strecke,
bliebe er doch heut unter der Decke,
Sinn und Zweck völlig verwässert,
viel zu viel zum Schlechten verbessert,
doch er sagt, nun lässt er es stehen,
soll Unergründliches die Verse umwehen,
sollen die Leser darüber sinnieren,
eigene Logik und Gehalt skizzieren,
ihm bleibt die Hoffnung, doch die ist fatal:
die Kritik der Leser – wie häufig banal.

MEIN SCHAF

Wenn ich mir etwas wünschen darf,
dann bitte ein besonderes Schaf,
das mit mir jeden Tag verbringt
und wenig nur nach Schafstall stinkt.
Das ist nicht doof und indolent,
stattdessen äußerst kompetent
in Logik und kann kombinieren,
gern auch klug philosophieren,
kann Streitgespräche sinnvoll führen
und mit Empathie mich zart berühren.

Doch auch mir ist wohl bewusst,
ein hehres Ziel pocht in der Brust,
denn was ich hier so keck verlange,
das ist kein Schaf so von der Stange.
Man findet es nicht überall,
nicht im stinkenden Hühnerstall,
auch nicht in der Lüneburger Heide,
schon gar nicht auf der Rinderweide.
Dieses Schaf ist äußerst divers,
vielleicht auch nur in einem Vers.

Ich freute mich über solchen Besitz,
über des Schafes intelligenten Witz,
würde mit ihm geistvoll scherzen,
es von Zeit zu Zeit auch herzen.
Und wenn ihr meint ich sei so dumm,
besser wäre, ich sei eher stumm,
so ein Schaf das gibt es nicht,
nur ein Mondkalb von so einem spricht.
Doch unterm Mond kann ich gut schlafen,
und zuvor plaudere ich mit solchen Schafen.

SENIORENAUSSTRAHLUNG

Mit über sechzig ist man längst Senior,
und alle meine Organe singen im Chor:
Du bist nicht mehr jung, du bist bald senil,
an Erfahrung und Leid erfuhr man zu viel.

Gebrechen nenne ich mein tägliches Eigen,
Gelenke knacken und knirschen im Reigen,
mein Erscheinungsbild ist nicht mehr viril,
gehe den Weg zurück und werd´ infantil.

Bin schon ganz Kind, fang an zu jammern,
will mich an die Vergangenheit klammern.
Das Damals wird nun ins Gute verklärt,
im Diesseits scheint jetzt alles verkehrt.

Keine Zukunft zu der ich noch strebe,
fahle Erinnerung ist es in der ich nun lebe,
die laue Glut, die mir grad noch erhalten,
morgen wird sie endgültig erkalten.

DIE ZINNSOLDATEN

Sieben kleine Zinnsoldaten
wollten nicht mehr länger warten,
denn sie waren fast vergessen
und nun geradezu versessen.

Ersehnten so sehr ein heißes Gefecht,
das käme ihnen gerade recht,
wollten aus der Kiste kriechen,
wollten heißen Pulverdampf riechen.

Doch der eine von den sieben,
nur ein Bein war ihm geblieben,
wollt´ dem Feind entgegen eilen,
musste auf der Stelle verweilen.

Der zweite mit geknicktem Gewehr
freute sich auf den Kampf so sehr,
schoss doch nur noch um die Ecke,
brachte niemanden zur Strecke.

Der dritte war ganz ohne Farben,
das waren nicht nur alte Narben,
ohne Gesicht, keine Augen mehr,
was nützt da ein intaktes Gewehr.

Der vierte hatte einst einen Säbel,
verlor ihn wohl im Kanonennebel,
fuchtelt nun mit leerer Hand,
im Gefecht ganz schwerer Stand.

Der fünfte trommelte einst zum Sturm,
jetzt jedoch ein kläglicher Wurm,
er hatte seine Sticks verloren,
verdient sich so gar keine Sporen.

Der Sechste war einst der Hornist,
doch, und das ist ganz großer Mist,
ohne Horn bläst er keine Signale mehr,
ohne Instrument fällt das Spielen schwer.

Mit Standarte stürmte der Siebte einst voran,
von allen war er früher der mutigste Mann,
tief in der Kiste liegt die Fahne schon lange,
und er wedelt hilflos nur mit der Stange.

Sie merkten schnell, das wäre ihr letztes Gefecht,
und die Niederlage bekäme ihnen wirklich schlecht,
versehrt wie sie waren landeten sie bestimmt im Müll.
So wählten sie schließlich doch die Kiste als ihr Idyll.

STECKDOSENLEID

Da war diese einsame Steckdose isoliert in der Wand
und nirgends ein Stecker, der den Weg zu ihr fand.
Sie schaute mit stummen Augen aus dem Gemäuer,
nirgendwo fand sich ein beschwänzter Getreuer,
der sich mit ihr verbinden wollte mit einem Kabel,
um sich anzuschließen an den elektrischen Nabel.
So blieb sie allein mit reichlich Strom an der Phase,
sicher versteckt hinter einer so hässlichen Vase.

ICH MÖCHTE

Ich möchte gerne etwas Wichtiges mit Politik machen,
oder irgendwelche anderen intellektuellen Sachen,
mich beweisen als den scharfsinnigsten Denker,
und allen zeigen, ich bin der allerbeste Weltenlenker.

Ich möchte gerne ernst und bedeutsam reden,
von meiner Meinung überzeugen wirklich jeden,
möchte mit Sachverstand und Expertise glänzen,
möchte mich mit frischen Lorbeeren bekränzen.

Ich möchte so gern im Licht der Scheinwerfer stehen,
auf dem roten Teppich umjubelnd und winkend gehen,
auf Vernissagen, Empfängen mit Champagner anstoßen,
ich möchte gehören zu den wirklich ganz, ganz Großen.

Ach was, ich möchte — das ist nicht mein Bestreben,
ich will in die allerhöchsten Höhen entschweben,
ich bin in allen Dingen der Beste und nie mehr still,
werde es jedem jederzeit beweisen — ich will! Ich will!

NORDMANN-MEDIZIN

Für Wiki im Ort Haithabu
war das Bier noch nicht tabu.
Für Wikinger war grad das Bier
ein wahres Lebenselixier.

STÜTZENDE ENTSCHEIDUNGEN

Geben oder Haben und das ohne Ziel,
wenig von allem und davon sehr viel.
Last oder Stunde und die viel zu dauernd,
ewig von Beidem und immerzu lauernd.

Sein oder Haben ist gar keine Frage,
zu wenig von Diesen die heutige Lage.
Hast in der Runde schon wieder am Start,
endlos die Schlaufen abschüssig die Fahrt.

Nehmen oder Geben das ist die Bürde,
Entscheidung zu treffen eine zu hohe Hürde.
Ambivalenzen aushalten? Zerreißen Gefühle.
Alternativen zulassen? Zu viele Stühle.

Du sitzt zwischen allen und das nicht bequem,
du stellst oft die Frage, was oder wem.
Was soll das bringen, wem soll es nützen?
Zwiespalt und Zwänge sind keine Stützen.

OH BITTE BITTE

So sehr ich dich anbete
oh wie ich es erflehte
ich bin ja so berührt
ich wär so gern verführt
von dir du meine Liebe
erweckst in mir die Triebe
ich bin ja wie von Sinnen
kannst du bald beginnen
mich streichelnd zart liebkosen
und dies in großen Dosen

Bin ich vielleicht vermessen
von dir so sehr besessen
ich würd dich gern besitzen
in die Borke würd ich ritzen
du bist mein du tust mir gut
und bitte habe jetzt den Mut
sag mir doch dass du mich liebst
und dass du mir nun stetig gibst
die Liebe die ich sehnlichst brauche
es stört doch nicht dass ich rauche

Oh bitte bitte halt mich fest
dass du mich nie fallen lässt
ich erflehe deine Stütze
mein Leben ginge in die Grütze
was wäre ich nur ohne dich
es wäre doch nur kümmerlich
in der Gosse würd ich liegen
keinen Stich mehr würd ich kriegen
wie inständig ich dich brauche
gerade weil ich täglich saufe

Oh bitte bitte erhöre mich
oder etwa störe ich dich
hast du mich schon abgeschrieben
ich wäre besser im Pfeffer geblieben
wo der wächst und gut gedeiht
dass ist doch ziemlich ziemlich weit
und du wünscht nun mich dorthin
dann ergäbe mein Leben keinen Sinn
ich wäre im endlosen Nichts verloren
am besten niemals nie geboren

Oh bitte bitte verstoß mich nicht
dass nicht mein zartes Herz zerbricht
das so empfindlich und so schwach
und auch nur selten hält mich wach
dass ich so viele Stunden schlafen muss
und mein Schnarchen ist kein Genuss
du musst mir glauben denn wenn ich wache
und blechern ohrenschmerzend lache
ich dich mit schlüpfrigen Witzen umgarne
mit Charme dich schleimig doch umarme

Nun sag es mir schon bitte bitte
wie sehr ich doch darunter litte
wenn niemand mehr es zu mir sagt
der Trieb zehrend an den Nerven nagt
versagst du mir nun deine Liebe
und ich in der Welt alleine bliebe
ist es weil ich auch mal schmatze
den lieben langen Tag auch ratze
denn Phlegma ist mein wahres Sein
doch lass mich nicht damit allein

Ist es weil ich blöde grinse
geht es deshalb in die Binse
und weil ich in den Zähnen pule
mich im eigenen Schweiß gern suhle
das sind deine leidigen Gründe
das ist doch alles keine Sünde
das ist menschlich das ist Natur
ich beharre darauf da bin ich stur
wenn du das nicht akzeptierst
und nur auf irrelevante Dinge stierst

Du verkennst meine wahre Identität
ja danke dann ist's für die Liebe auch zu spät

DIE WELT DER FRAUEN

Die Welt der Frauen ist nicht die meine,
denn ihre ist die besonders reine,
voll Verstand, Gefühle und Gemüt.
Auch wenn der Mann sich recht bemüht,
muss eingestehen von allen Werten,
das sind die, die einen wirklich ehrten.
Nicht Mut, nicht Kraft, schon gar nicht Stolz,
das sind nur Werte aus grobem Holz.
Was jedoch nur eine Frau gut kann –
ich jedoch bin nur ein einfältiger Mann –
mit Empathie auf Menschen zuzugehen,
lässt niemanden mit Gram alleine stehen,
im Unglück, Trauer, Kummer, Leid,
das Herz der Frau das ist so weit.

ABSCHIED

Zersplitterte Gedanken treiben rastlos umher,
halbgare Eingebungen bewegen mich sehr,
Tatsächlichkeiten strafen mich Lügen,
Alternativen werden betrügen,
Zweifel lässt mich nicht los.
Was mach ich hier bloß?
Wäre alles geblieben,
bin nur getrieben
und so gehetzt,
auch verletzt.
Schmerzen
im Herzen
und Not
im Tod.
Oh je!
Ade.
So.
O.

KARTENBLUES

Einfallen muss mir ein Geburtstagsgruß.
Sogleich erklingt jedoch der Kartenblues.
Gedanken kreisen, ich ziehe kraus die Stirn,
mit Satzfetzen zermartere ich mir das Hirn
und erflehe nette, geistreiche Gedanken,
stattdessen gebietet Einfalt mir Schranken.
Nun hocke ich da, sinniere, grüble, warte.
Das ist der Fluch der Geburtstagskarte,
das ist die Geburtstagsgruß-Schreibblockade.
Kein einziger kluger Spruch! Wie schade.

DORT DÜRFEN DROLLIGE DRACHEN DAS

Da waren die drolligen Drachen,
wollten spaßige Sachen machen,
wollten ständig mit Feuer spielen,
wollten auf brennbare Dinge zielen.

Wollten mit ihren Flügeln schlagen,
wollten verängstigte Opfer jagen,
all diese hässlichen grässlichen Sachen
wollten die drolligen Drachen machen.

Und diese frechen drolligen Drachen
konnten darüber herzhaft lachen,
wenn die Flammen sich vermehrten,
Balken für Balken das Haus verzehrten.

Aus ihren Nüstern Flammen schlugen,
nur Schlechtes sie zur Welt beitrugen.
Doch das alles wurde glasklar erkannt,
und so wurden sie ins Märchen verbannt.

Dort dürfen sie Qualm und Feuer speien,
dort können wir ihnen getrost verzeihen,
dort dürfen sie zur Spannung beitragen
und wir werden ihnen nichts versagen.

Dort dürfen sie ihr Böses ausleben,
dort dürfen sie den Feind abgeben,
dort dürfen sie die Jungfrau bewachen
und stinken aus ihrem feurigen Rachen.

Dort dürfen die drolligen Drachen das,
und den edlen Rittern kommt dies zupass,
sie dürfen nun die Drachen bekriegen
und dürfen die Drachen auch besiegen.

Die Maid befreien, den Schatz gewinnen
und der Dame verfallen wie von Sinnen,
in Liebe entbrennen und bald zu zweit,
die Drachen geschickt in die Vergessenheit.

Vergebens ist letztlich deren feuriger Hauch,
und deren armseliger Gestank natürlich auch.
So werden wir über die drolligen Drachen
am Ende der Märchen nur herzhaft lachen.

JOGISCH FLIEGEN

Ich fliege manchmal jogisch,
stundenlang schweb ich dahin.
Du meinst das ist nicht logisch,
das macht doch keinen Sinn?

Ich sage dir ich kann das schon,
ich muss nur daran glauben.
Ergebnis ist der enorme Lohn,
ich werde mich in die Höhe schrauben.

Und werde die Welt von oben sehen,
Menschen und Sorgen werden klein.
Wozu soll ich auf der Erde gehen,
will fliegen, wie ein Vogel sein.

Will nichts säen, will nichts ernten,
will Schönes in der Welt beachten.
Will die Erde aus der entfernten
Höhe von weit oben nur betrachten.

Komm lass uns beide jetzt abheben,
mach nur deine beiden Augen zu,
auch du wirst himmlisch schweben
und die Schwerkraft überwindest du.

Sieh im Geiste jetzt die Erde,
stell dir vor, wie soll sie sein!
Das ist es, was nun werde,
unsere Welt so fein und rein.

Denn es bleibt dir unbenommen
sie mit eigenen Augen zu betrachten,
und du wirst zur Einsicht kommen,
wir müssen auf die Welt mehr achten.

IM SCHATTENREICH

Im finsteren Keller im Schattenreich,
dort residiert der Rattenscheich,
umgeben vom dunklen Schattenmeer,
dort befehligt er sein Rattenheer.

Und in des Scheiches Schatten
tummeln sich die hofierenden Ratten,
lecken seine hingestreckten Pfoten,
kichern über seine plumpen Zoten.

Sie sind die gefälligen Soldaten,
nach des Scheiches Ebenbild geraten,
biedern sich an und sind verlogen,
als hätte der Teufel sie erzogen.

Und in des Scheiches Schatten
gerieren sich die fiesen Ratten,
im Dunst im dunklen Schattenmeer
gefallen sie dem Scheich so sehr.

Seht wie sie seinen Speichel lecken,
halten sich an ihm fest wie Zecken,
wollen nicht von seiner Seite weichen,
würden ihm auch ihr Blut darreichen.

Doch in des Scheiches Schatten
verabreden sich die bösen Ratten,
planen schon den üblen Streich,
übernehmen selbst das Rattenreich.

Denn dem dienenden Rattenheer
gefällt der Rattenscheich nicht mehr,
will gemeinsam Macht erhalten,
selbst das Schattenreich gestalten.

Und stoßen von dem Rattenthron,
übergießen ihn mit Spott und Hohn,
den alten müden Rattenscheich,
erneuern bald das Rattenreich.

Aus dem dunklen Schattenmeer,
aus dem putschenden Rattenheer,
tritt die eine Ratte stolz hervor,
ist die lauteste im Revolten-Chor.

Diese eine all der undankbaren Ratten
steht nicht mehr im dunklen Schatten,
der lauten Stimme gerechter Lohn,
erklimmt sie gleich den Rattenthron.

Im finsteren Keller im Schattenreich,
dort residiert der Rattenscheich,
umgeben vom dunklen Schattenmeer
darbt das erbärmliche Rattenheer.

RICHARD

Der Richard riecht
ob er wohl siecht
jetzt so dahin
oder ist´s der Beginn
in die Verwesung
der Weg zum Dung
der Weg der Gerechten
und auch zum Schlechten
ganz vorn am Start
zur letzten Talfahrt
zum Ufer des Styx
das Ende des Glücks

Was führen sie mit dir im Schilde?
Ab geht's in die elysischen Gefilde,
wo Hades am Ufer auf dich wartet.
Schon ist das Vergessen gestartet,
durch die Lethe der Welt entrückt,
eine Fahrt mit Charon niemals beglückt.

Seine Erinnerung erlahmte,
plötzlich fehlte jedweder Name.
Der Oberste der göttlichen Boys,
war das nicht der fettige Beuys?
Der Bärtige mit dem Dreizack,
vielleicht der alte Georges Braque?
Der Götterbote macht nun Stress,
ach, das ist bestimmt UPS.
Die wie ´ne Stadt klingt, A- A- Roma?
Statt Weisheit fällt er ins Koma.

Und es ist nur der Schweiß
weil er nichts mehr weiß
kein Weg zum Dung
nur diese Übung
dieses dumme Examen
das Fehlen der Namen
der griechischen Mythologie
er behielt sie doch nie
obwohl er doch lernte
ist dies nun die Ernte
so sind sie nur Spötter
die griechischen Götter

DAS SATTELSCHWEIN

Das deutsche Sattelschwein ist bass erstaunt
und alsbald seinen berechtigten Unmut raunt,
sodann auch schon um seine Fassung ringt,
wenn jemand sich in seinen Sattel schwingt.

DAS UNIVERSUM

Am Morgen gleich nach dem Urknall
spürte man den dröhnenden Urschall.
So laut wie es da lärmte, krachte, knallte,
es im Universum echote, hallte, schallte.
Ein irre lautes Brummen und Gesumm,
und lauter Teilchen flogen nun herum.

Sie schossen durch das leere Vakuum,
doch für sich allein war ziemlich dumm.
Während manche sich allerdings zierten,
trafen sich andere, Mutige und kollidierten.
Und so begann bis heute der stetige Strom,
es entstanden die Elemente, Atom um Atom.

Doch die Atome machten nicht halt,
als einzelnes Atom wird man nicht alt.
Sie verbanden sich, bildeten Moleküle,
die Elemente haben soziale Gefühle.
Und die Moleküle blieben nicht separat,
verschiedenste Stoffe sind das Resultat.

Was geschah in der Zeit nach dem Urknall,
das war tatsächlich alles nur purer Zufall.
Das Universum hat keinen Plan, kein Ziel,
die Zukunft ist ein unbekümmertes Spiel.
Doch das beste Ergebnis dieser Spielereien,
das sind die Teilchen in den Konditoreien.

ZERSPLITTERT

Wenn die Liebe kurz vorm Fallen ist
verbleibt nur noch eine kurze Frist

Wir hatten uns lustvoll zueinander gesellt
jeder hatte eine andere Sicht auf die Welt
hatten es wild miteinander getrieben
und hatten uns aneinander gerieben

Wie oft haben wir am Küchentisch getagt
doch das hat an unseren Nerven genagt
du hast mir dabei doch nichts gesagt
und ich habe deshalb nie nachgefragt

So hatten wir uns das nicht vorgestellt
und dann haben wir unser Urteil gefällt
du bist nicht an meiner Seite geblieben
denn wir konnten uns nicht länger lieben

Wenn die Liebe fällt dann geht sie kaputt
übrig bleibt nur noch ein Haufen Schutt

HUBERT HUBERT

Der Hubert hubert schon wieder rum
und holt aus seinen tiefen Taschen,
dabei bleibt er so gänzlich stumm,
diverse hochprozentige Flaschen.

Seine Jacke ist der ideale Platz,
sein Lager hat er stets dabei,
hervor holt er so manchen Schatz,
so zelebriert er die Sauferei.

Das Hubern ist sein Lieblingssport,
so nennen wir sein tägliches Treiben,
das heimische Sofa sein liebster Ort,
und das Hubern lässt er niemals bleiben.

Die Gesellschaft von Hubert genießen wir,
denn auch sein Wesen ist stets generös,
aus unseren Augen spricht die Alkohol-Gier,
denn viele dieser Tropfen sind deliziös.

Schnell werden Flaschen aufgeschraubt,
die Lippen geschürzt wie zum Kuss,
nicht nur ein Schluck ist uns erlaubt,
der stetige Alkohol-Fluss ein Muss.

So hubern wir mit ihm nun um die Wette,
betreiben es als unseren Ausgleichs-Sport,
des Huberts Sofa ist die Wettkampf-Stätte,
und wünschen uns vom Sofa selten fort.

Doch alt können wir bei ihm nicht werden,
mit Hubert zu hubern ist nicht verkehrt,
aber viel lieber wollen wir kräftig gerden,
denn viel mehr Flaschen hat der Gerd.

DER KLANG DER SÄTZE

Zwischen den Deckeln der Bücher schlummert ein Klang,
was werden sie uns erzählen die noch verborgenen Sätze?
Wir möchten sie erleben, uns überkommt der Lese-Drang,
wie Fischer auf See werfen auch Bücher aus ihre Netze.

Jede Silbe, jedes Wort beherbergt einen wohligen Klang,
es entstehen harmonische, melodische, rhythmische Sätze.
Und sie entwickeln sich zum wunderschönen Sprachgesang,
es erblühen erhellende, aufbauende, literarische Schätze.

Doch was wir stattdessen erleben, was allzu häufig erklang,
in zu vielen Büchern stehen leblose und lieblose Sätze.
Was wir beim Lesen erdulden müssen macht uns nur bang,
zahllose Texte sind hässlich und schmerzen wie Krätze.

TRÄUME

Die besten Geschichten entstehen im Traum
doch am Morgen auf Papier gelangen sie kaum
im Aufwachen schon lösen sie sich auf
doch träume ich gern ich nehme es in Kauf

GELACKMEIERT

Wenn die Wirklichkeit am Leben zerschellt
Vergeblichkeit die Gegenwart erhellt
Nutzlosigkeit die täglichen Stunden versüßt
und Erfolglosigkeit vom Lebensende her grüßt

Wenn das Dasein nur Erträgliches erleidet
das Erleben alles Annehmbare vermeidet
das Jetztsein jeden Frohsinn verliert
dann bist du ziemlich angeschmiert

HORIZONTE

Blaue Stunden treiben
so klar die Farbe scheint
uns ihr Urteil schreiben
bald im Elend vereint

Goldene Stunden gaukeln
greller als ein Licht
sie in der Wiege schaukeln
das allerletzte Gericht

Traurig schwarze Horizonte
dunkler als die Not
Vergeblichkeit die konnte
treiben in den Tod

RÜBENALLTAG

Die tiefe Nacht sie birgt das Licht,
der Morgen das Dunkel zerbricht,
nur wer das Licht vermisst im Dunkel,
vergeblich sucht zur Rübe Runkel.

Die frühe Mahlzeit verspricht dir Kraft,
vor allem ohne diesen schrecklichen Saft,
das Frühstück macht beherzt die Mutter,
dann genießt du ohne Rübe Futter.

Und der Landmann den Acker wählt,
Geschirr den lahmen Ochsen quält,
der Bauer ist ein armer Schlucker,
wenn er vermisst zur Rübe Zucker.

Stunden später nach dem Sonnen-Zenit,
verspürst du gerechten starken Appetit,
doch wenn ich dich vegan ansteck,
begehrst du nicht zur Rübe Speck.

Dunkel wird es nicht nur am Himmel,
dieser Text hier so unnütz wie Schimmel,
von Rüben getrübt das Gedicht vorbei,
du bist dir gewiss in Dichters Rübe viel Brei.

GUNTHER

Der Ganter namens Gunther
geht sicher niemals unter.
Obwohl Gunther der Ganter,
er ist ein guter Bekannter
eines Froschs namens Mann,
der professionell tauchen kann,
auch wenn Mann, dieser Frosch,
der auf den Gunther oft drosch,
versuchte Gunther der Gänserich
im Abtauchen gewiss nicht sich.
Gunther wird seine Talente bündeln,
schwanzoben beim Gründeln.

ICH BIN

Ich bin nur ein Tropfen im Meer der Geschichte
bin nur ein Nichts besehen bei Lichte
bin doch der Tropfen der höhlt den Stein
bin der Glanz der dem Tau gibt den Schein
bin auch ein Tropfen der speist eine Quelle
bin kleiner Teil der bildet die Welle
bin doch der Tropfen den die Geschichte zwingt
vielleicht der Letzte der das Fass zum Überlaufen bringt

SUCHE

Ich bin auf der Suche nach der ewigen Liebe,
und wäre so glücklich, wenn sie denn bliebe.
Doch wie sie sich winden nur graue Gedanken,
an der Hoffnungslosigkeit stets empor ranken,
wie sich beharrlich ergießen aus den Augen
trockene Tropfen und in die Wangen saugen,
und verkrusten in den verschluchteten Falten,
die all meine Lebensjahre grimmig verwalten.

Ich bin auf der Suche nach einer Spur von Liebe,
doch ich suche vergebens, es stahlen sie Diebe.
Die Räuber die mich all die Jahre nur betrogen,
mit falschen Versprechungen mich stets belogen.
Unechte Gefühle, Empfinden nur sentimental,
Hingabe nur geheuchelt, der Betrug perpetual.
Und Ahnung wird Gewissheit, die ich verfluche,
unerreichbar die Liebe und ewig die Suche.

DER FRÜHSTÜCKSTISCH

Der Frühstückstisch liegt müde noch im fahlen Licht,
ein zarter Sonnenstrahl sich im Marmeladenglas bricht,
auf dem Brettchen liegt mürrisch der gebutterte Toast,
doch der zu schwarze Kaffee bietet auch keinen Trost.

Das Radio plärrt leise einfallslosen, belanglosen Pop,
und die Gedanken kreisen behäbig um die Taste Stopp.
Es ist Grübelei nur, beharrlich hält die Bank mich fest,
gelähmt am Tisch, und in der Kaffetasse erkaltet der Rest.

Erschöpft vom Winden aus den verknitterten Laken,
aus dem Äther mittelmäßige Stimmen beharrlich quaken,
verderben den Tag schon bevor er mir schwer wird,
ich schon gedacht in die Strapazen, in der Pflicht verirrt.

Der Frühstückstisch unaufgeräumt und arg besudelt,
im Radio wird weiterhin ausschließlich Blödes gedudelt,
der Tiefpunkt erreicht, ich rutsche erschöpft von der Bank,
geschlagen, erledigt vom Tag – und melde mich krank.

DER GEMEINE DEUTSCHE

Der gemeine Deutsche hat den Rhythmus nicht erfunden,
so manchen Zuhörer gequält und die Musik geschunden.
Es ertönt ein Lied, Jazz, Pop, Rock, Soul, egal welche Art,
und dazu wird eifrig geklatscht und das ziemlich hart.

Was ist es, was die Leute so einfallslos bewegt erregt,
über jede Melodie dieses banale brutale Stakkato legt?
Jeder Schlag wird betont, jeder Song grausam zerhackt.
Er ist ein EINS ZWEI DREI VIER Klatscher, es ist vertrackt.

Hört er den Song und stehen mehr als zwei zusammen,
werden sie jedes Viertel grob in die Welt hinein rammen,
Off-Beats ignoriert, feine Synkopen lärmend überhört,
ruhige Passagen haben den gemeinen Deutschen nie gestört.

Drum meide sie, wenn der Siebziger Jahre Rock erklingt,
wenn die Band stilvoll in der Musik der Zwanziger swingt,
wenn kubanische, südamerikanische Rhythmen ertönen,
denn darüber wird dumpfes EINS ZWEI DREI VIER nur dröhnen.

Im Marsch und im Schlager geschult, da kennt er sich aus,
dieser deutschen Musik macht das Klatschen nichts aus.
Wenn kultivierte, niveauvolle Musik erklingt, bleib lieber allein,
der Deutsche musikalisch verblödet und rhythmisch gemein.

SAUBLÖD

Saublöd ist der der den haarigen Eber küsste,
es ist grad so als ob er es gar nicht wüsste.
Übersah er vielleicht den Keiler das Schwein,
die Hauer die scharfen waren kein Schein.
Überließ er doch lieber das Küssen der Sau,
denn die Sau ist doch des Keilers liebe Frau.
Wir fragen uns wonach ihm denn gelüstete?
Gar nichts wonach er sich danach brüstete.
Dachte vielleicht, es wären wohl die Brüste
der Sau die er statt des haarigen Ebers küsste.

MISSTÖNE

Welch Melancholie erzeugten einst die Töne,
wenn in der Folge D F A erklangen,
jetzt vermissen wir all das Schöne,
müssen um politischen Anstand bangen.

Da agieren welche so gemein,
haben mir diesen Akkord verleidet,
d-Moll war einst für das Ohr so fein,
die Umkehrung — in Hässlichkeit verkleidet.

Haben Töne und Sitte schamlos umgedreht,
braune Parolen sind ihnen durchaus recht,
wir wissen woher der Wind jetzt weht,
spielen auch gern des Kremls Knecht.

Doch sollen sie zetern und auch dröhnen,
nehmen sie den Mund zu voll,
dann überbieten wir sie mit herrlichen Tönen,
Beethovens Neunte in d-Moll.

Und wenn die Sinfonie zum Ende strebt,
damit werden wir ihnen den Kontrapunkt zeigen,
wenn sich der vierte Satz prächtig zu D-Dur erhebt,
werden wir mit der Europahymne nicht schweigen.

QUÄLENDE SACHEN

Was sind das für Sachen
die andere so machen
die uns fies quälen
wir können kaum zählen
die Anzahl der Tage
die uns in Rage
in Wut hinein treiben
sie lassen´s nicht bleiben
und hören nicht auf
und nehmen in Kauf
zu tun wie´s beliebt
was ihnen nur gibt
Behagen und Spaß
und das ohne Maß
was hat sie bewegt
gemein arglos angeregt
nach eigenem Gelüst
zu Leben ohne Gerüst
von Anstand Moral
finden es normal
da Vorbild für´s Tun
das sind nun mal nun
wir laufen in´s Messer
wir sind keinen Deut besser

GESPENSTER

Du ahnst es, du fühlst es, es streift dich nicht zart,
du wirst nicht vor schaurigem Schauer bewahrt,
du leidest, du jammerst, dein Klagen wird laut,
nichts worauf sich deine Selbstachtung aufbaut.

Du bist verfolgt von blinden Gespenstern,
grausig vorbeiziehend an heulenden Fenstern,
es schaudert dich, das hochgezogene Grauen,
deine Augen geweitet durch lähmende Brauen.

Du kannst nicht entfliehen, klebende Geister,
es hält dich ganz fest der spukende Kleister,
eingeklemmt, gekniffen von klammen Zangen,
was dich festhält ergreift kneifendes Bangen.

Du weißt es, du fühlst es, es trifft dich so hart,
du wirst arg gebeutelt vom schütteren Bart,
du leidest, du jammerst, gewachsen kein Kraut,
statt Würde im Alter nur vertrocknete Haut.

ZISCH

An manchen Tagen zische ich so dahin,
da kommt mir das Zsch gleich in den Sinn.
Mit Luft bläht sich mächtig die Lunge,
geschmeidig schmiegt sich die Zunge
an den Gaumen mit leichtem Druck,
und augenblicklich, Ruck di zuck,
dann zischt es freudig aus mir heraus,
das ist mir eine Freude, ei der Daus.

Doch nicht immer flieht mein Zischen
so hart dem Mund, denn dazwischen
werden entweichen meiner Schnute
liebliche, sehr hohe Töne, aber gute,
zarte Melodien, die sind so fein gepfiffen.
Doch nicht jedes Publikum ist nun ergriffen,
befürchtet doch gleich den Tinnitus,
und hofft mit dem Pfeifen ist bald Schluss.

Ein Jeder hat irgendwelche drolligen Talente,
verdient damit keine Zinsen, keine Prozente.
Doch pflege ich sie, ich will sie nicht lassen,
auch wenn zuweilen andere mich hassen.
Doch wenn die Geräusche die Zuhörer quälen,
dann sollte ich lieber ein anderes Format wählen.
Auch Töne erzeugen, doch die machen nicht krank,
ich greife zur Flöte, sie hat einen schönen Klang.

JAHRESENDE

Wir erleiden Dezember wie ist der so düster,
jeden Tag verbreitet er elende Nässe,
der Asthmatiker braucht wieder den Püster,
Gesichter ermatten in gräulicher Blässe.

Doch schließlich naht das glückselige Ende,
wir verlassen unsere kläglich missliche Lage,
die flehentlich erbetene Wintersonnenwende,
um Minute und Minute wachsen wieder die Tage.

Wie freuen wir uns auf das frohe Fest,
Lichter erstrahlen wir sind guter Dinge,
wir feiern eingebettet im familiären Nest,
und dass das neue Jahr auch gut gelinge.

Und schon haben wir Neujahr die Gans verdaut,
Gebäck und die Kringel um die Hüfte gelegt,
eine Stimmung kommt und sie ist uns vertraut,
gute Vorsätze haben wir wieder beiseite gefegt.

KONTEXT

Ein Kontext ist ein umgebender Text einer sprachlichen Einheit
und es kommt nicht darauf an auf sorgsam sprachliche Feinheit

WORTGEFÜGE

```
K O N T E X T K O N T E X T K O N T E X T K O
T                                           N
X                                           T
E                                           E
T                                           X
N                                           T
O                                           K
K                                           O
T                                           N
X                                           T
E                                           E
T                                           X
N                                           T
  O K T X E T N O K T X E T N O K T X E T N O K
```

Hier entsteht ein Text
wenn du ihn streckst
wenn du ihn dehnst
dich nimmer schämst
dich auch gleich traust
es auch nicht verhaust
und jeder Schwachmat
sieht hier ein Quadrat.

ZUKUNFT

Geschwärzte Grübeleien bilden sich ab
ziehen dich hinab ins verdunkelte Grab
willkommen heißt dich die geöffnete Gruft
das eigene Leben ein zwielichtiger Schuft

Die Oliven verdorren
die Zukunft verworren
vergebens die Wende
das Dasein am Ende

Letzter Lebensmut baut sich jetzt ab
lichtlose Ruhe ersehnst du am Grab
belangloses Aufbäumen kläglich verpufft
zwischen Leben und Tod gar keine Kluft

Der Bogen verblasst
jede Chance verpasst
nur Regen kein Licht
kein Frieden in Sicht

Verdüsterte Wirrnis zeichnet sich ab
gespenstischer Firnis kleidet das Grab
gedunsener Körper bläht in die Luft
entlässt seinen Poren verwesenden Duft

Die Tauben verstorben
zu schwarz verdorben
das Leben ein Friedhof
nur düster und doof

EIN TÄNZER

Ich bin nicht verwegen, ich weiß was ich kann,
alle Frauen im Saal ziehe ich in meinen Bann,
denn ich wende nur an das perfekt Gelernte,
und schon bringe ich ein die verdiente Ernte.

Ich bin der berufene, dynamische Tänzer,
der geschmeidig strahlende Glänzer
auf dem glatten gebohnerten Parkett,
die Damen um mich herum sind alle so nett.

Gleich liegen sie willig gefällig in meinem Arm,
ach wie ist mir so angenehm wohlig warm,
wenn sie sich erhitzt an mich schmiegen,
und ich will sie zart im Rhythmus wiegen.

Die Melodie fühlen lassen und den Takt,
schon habe ich ihre Hingabe eingesackt,
ich gebe ihnen wahrlich den sicheren Halt,
wir werden gemeinsam eine graziöse Gestalt.

Stattdessen sind wir überhaupt nicht ein Wesen,
denn meine Partnerin ist ein stocksteifer Besen,
eine Bohnenstange und regungslos starr,
ihre Bewegungen sparsam und äußerst bizarr.

Ich bugsiere den Körper, den leblosen Leib,
schieb sie umher das talentlose Weib,
nehm sie ganz fest, wie in die Zange,
schleppe sie voran die Gemüsestange.

Und endlich ist der qualvolle Tanz beendet,
zuversichtlich mein Schicksal sich wendet,
denn ich liefere sie zügig ab an ihren Platz,
die nächste Dame ist sicher der begabte Schatz.

Doch auch sie will sich überhaupt nicht fügen,
macht es mir Spaß, ich will hier nicht lügen,
sie zerrt mich voran in entsetzlicher Hast,
keiner ihrer Schritte zum Rhythmus jetzt passt.

Die Dritte, Vierte, Fünfte, es wird niemals gut,
in mir steigert sich der Ärger zur Wut,
die Sechste lässt sich partout nicht drehen,
nach dem halben Tanz lass ich sie stehen.

Den anderen Männern macht es nichts aus,
spüren nicht den dilettantischen Graus,
haben ihren Spaß und amüsieren sich,
dabei ist es mit diesen Damen doch fürchterlich.

Ich will es noch einmal im Guten versuchen,
will noch nicht alle Frauen verfluchen,
eine muss es doch in diesem Saal geben,
und die tänzerische Ekstase mit ihr erleben.

Doch auch mit der Siebten hab ich kein Glück,
in den Armen hängt mir ein hölzernes Stück,
und das ist bestimmt schon seit Jahren tot,
ich erleide mit ihr die allerhöchste Not.

Ein Tanz nur, ein einziger soll heut noch gelingen,
einmal noch werde ich das Glück dafür zwingen,
aber auch die Neunte hängt schlaff mir im Arm,
was ich fühle, ermüdende Kälte statt wohlig warm.

Die Zehnte schlackert hilflos mit ihren Gelenken,
die Elfte möchte ich nur unter das Parkett versenken,
unbeirrt mache ich noch das Dutzend komplett,
steht ständig auf meinen Füßen und findet das nett.

Die Dreizehn wird ihrer Nummer gerecht,
oh Gott wie sind ihre Bewegungen schlecht,
zu jedem Ton will sie ekstatisch zappeln,
unruhig wie im Wind die Zitterpappeln.

Ich weiß jetzt, mit den Frauen gelingt es nie,
doch habe ich einen Plan, ich bin das Genie!
Und so werden meine Erwartungen gestillt,
ich tanze nur noch mit meinem Spiegelbild.

FÜLLUNG

Hinter der Stirn
hab ich Gehirn.
Doch diese Masse
hat keine Klasse.
Ist grauer Brei,
doch mir einerlei.
Denn wäre mir wohl,
wär es dort hohl?
Dann wär es dort öd
und ich sicher blöd.

DER WURM

Ich bin der dürre Wurm
der sich ekelig windet
der fürchtet den Sturm
schleunigst entschwindet

Gräbt sich in die Tiefe
in den Schlamm salviert
tut so als ob er schliefe
wo das Dunkel regiert

Doch wühl ich im Schlick
hab Matsch im Gedärm
und finde das schick
wofür ich auch schwärm

Und fresse mich satt
hinterlasse die Haufen
bei Ebbe im Watt
bei Flut sie ersaufen

Denn mein tägliches Erbe
gehäufter Dreck zum Turm
ist nichts wofür ich werbe
ich bin nur der dürre Wurm

MÄNNER I BIS IV

MÄNNER I

Sie sterben dahin die Großen
und niemand kommt danach
nicht einer ist dazu gestoßen
die männlichen Eliten liegen brach

MÄNNER II

Mit Dummheit geschlagen
und sich unhöflich betragen
in Starrsinn verstrickt
nur Eitelkeit erblickt

MÄNNER III

Den Stolz vor sich hergetragen
selbstgefällige Töne angeschlagen
süffisant in Dünkel entblödet
mit Ehre den Verstand verödet

MÄNNER IV

Die Beine gebreitet
und Schritt geweitet
Hochmut beschritten
Gehirn beschnitten

ETIKETTE
oder
DER GEMEINE MANN

Wie der Drops ihm in den Mund rutschte,
wie er dann auf ihm schmatzend lutschte,
wie er feucht und lautstark sabberte,
das Geräusch an meinen Nerven knabberte.

Wie er in den Zähnen genüsslich pulte,
seine Zunge sich hinter den Backen suhlte,
weil Karamell am Zahnfleisch klebte,
als ob er allein auf der Welt nur lebte.

Wie er mit offenem Mund sein Kaugummi kaute,
ihm entkamen ausschließlich schmatzende Laute,
wie er mit Zeigefinger und Daumen daran zerrte,
seinen Mund dabei viel zu weit aufsperrte.

Wenn er dann auch seinen Speichel ausspuckte,
überall, und ihn niemals anständig runterschluckte,
weil er meinte, so müssten Männer sich benehmen,
ich würde mich für so ein unfeines Verhalten schämen.

Halbgares zerkrümelt im schleimigen Schlund,
sichtbar zur Schau gestellt im offenen Mund,
und dann dieser lässige Griff in den Schritt,
das ist der hässlich-vulgäre Männer-Auftritt.

KAPUTTE DEBATTE

Ich hab in meinem Bette
so gerne eine Nette
charmante und auch flotte
Dame namens Lotte

Und auch an dieser Stätte
wie schön ich es doch hätte
sicher doch um jede Wette
auch mit der zarten Mette

Natürlich in der Mitte
gern eine hübsche Dritte
mit Abstand und mit Sitte
die niedlich schmucke Ditte

Vor ihr ich mich nie rette
an dieser samten Stätte
zuverlässig wie ´ne Klette
hängt an mir Babette

Komm zu mir auf die Matte
ich fühl mich wie dein Gatte
ich fleh dich an oh bitte bitte
du bist die allerliebste Gitte

Eingepackt in weiche Watte
liege ich auf meiner Matte
träume diesen feuchten Schutt
doch ohne e ist´s eh kaputt

HOFFNUNG

Tagtäglich erlebst du das fiese Grauen,
magst dich nicht nach draußen trauen,
ersticken dich nur Beklemmung und Angst,
und du bedrückt vor der Zukunft bangst.

Jede Erwartung an Morgen verdunkelt,
niemals ein Stern mehr der für dich funkelt,
gänzlich verloren im finstersten All,
Unheil und Kummer trifft dich als Schwall.

Verwesende Schatten rauben das Licht,
sieh wie die Helle in Scherben zerbricht,
spüre die Splitter wie sie dich quälen,
du kannst die Wunden kaum mehr zählen.

Mit stechendem Schmerz im Leid verloren,
nur dauernder Gram fest eingefroren,
es sind diese Schatten die an dir zerren,
jedweden Weg zur Freude versperren.

Tägliche Schrecknisse geben sich Bahn,
die stete Bedrückung wird dir zum Wahn,
die Seele zermartert das Hirn verletzt,
der letzte Verstand endgültig zersetzt.

Dann kommt der Morgen und es geschieht,
nur Apokalypsen die sonst keiner sieht,
du sinkst auf die Knie bist nie mehr wohlauf,
für andere beginnt der banale Tagesablauf.

DIE ENTOURAGE

Da stechen sie wieder ihre Schritte in die Luft
und huldigen dem kalten skrupellosen Schuft,
und im Saal die Entourage der alten Säcke
applaudiert nur für ihre eigenen Zwecke.

Da stehen sie jetzt mit dem Glas in der Hand,
das Ego gefüllt mit Stolz und Sekt bis zum Rand,
um auf den nahen Sieg prickelnd anzustoßen
und wähnen sich als die ganz ganz Großen.

Lecken dem Despoten devot die Stiefel blank,
der Anblick macht mich nur zornig und krank,
haben keine Haltung, ihr aufrechtes Stehen
ist betteln um Achtung, jämmerliches Flehen.

Und heucheln, reden dem Tyrann zum Mund,
erzählen Märchen aus einem einzigen Grund,
dem Diktator nicht zu verärgern, nur gefallen,
das sind doch die niederträchtigsten Vasallen.

Sie lecken seinen Speichel vom Boden auf,
nehmen jede Demütigung dankend in Kauf,
nur um in seinem fahlen Schatten zu sitzen,
hängen an den Lippen wie Ferkel an Zitzen.

Doch das ist die Frage, wie weit wollen sie gehen,
brav an der Seite des Gewaltherrschers stehen,
wie unartige Schuljungs sich behandeln lassen,
wann werden sie ihr devotes Dienern hassen?

Still schmieden sie Pläne und sie können warten,
denn bald spielt er mit seinen Fehlern in ihre Karten,
und sie werden ihn stürzen, das ist hier besiegelt,
doch sein Frevel, sein Handeln wird nur gespiegelt.

SELBSTBEWUSSTSEIN

Mir ist bewusst ich bin die geistige Leere
du bist die gehaltvolle kluge Schwere
Ich bin der Strich und du bist die Fläche
du bist so stark und ich bin die Schwäche
du bist im Himmel das strahlende Blau
ich bin dort oben nur wässriges Grau

Du bist so wirklich du bist das Sein
ich simuliere ich bin nur Schein
ich bin das Gesäß und du das Gesicht
ich sitz im Dunkel und du stehst im Licht
auf dich fällt der Glanz mit mir ist nur Pein
doch du bist nur Abel und ich spiel den Kain

LEBENSLAUF

Letzten Monat war er gut drauf
dann fühlte er sich stark ermattet
so nahm das Leben seinen Lauf
heute wurde er bestattet

SO ERNST

Die Welt ist so ernst, so furchtbar ernst,
was war es noch, was ich so gern wollte?
Es ist genau das, was du daraus lernst:
zu ernst, als dass man nicht lustig sein sollte.

FEIERABEND

Jeden Abend wird gecoucht gesesselt
Polster haben uns schmeichelnd gefesselt
genüsslich wird krümelig geerdnusflipst
und lautstark krachend kartoffelgechipst
auch fein geschnäpselt und kalt gebiert
lustvoll sekündlich zappend TVniert
schließlich hängenbleibend und krimiert
doch durch Langeweile schon bald nickiert

WOWOWO

Woher wir kamen ist ohne Interesse
die Bilder die wir sahen bestachen durch Blässe
wo wir stehen hat schädlichen Einfluss
die Sätze die wir sagen beschwören Verdruss
wohin wir gehen ist nicht von Belang
die Stimmen die wir hören erzeugen nur Zwang

VERWUNDERLICH

Mein guter Junge, begebe dich vom Wasser fort,
du weißt doch, das ist so gar kein sicherer Ort,
wenn du fällst, du kannst doch nicht schwimmen!
Aber Mutter, ich höre doch beständig Stimmen!

Bitte, so lass mich doch hier übers Wasser laufen,
du wirst staunen, denn ich werde nicht ersaufen.
Und wenn ich schließlich mit den Fischen spiele,
dann werden es im Nu gewiss ganz, ganz viele.

Gute Güte, Junge, bist du denn dumm im Kopf?
Wer zieht dich schließlich heraus an deinem Zopf?
Und du erfährst doch nichts als Häme und Spott,
Wer ließ den Jungen so verblöden? Oh mein Gott!

TRÄUME II

So bin ich der Schläfer
und auch der Schäfer
wenn ich nachts schlafe
dann hüte ich Schafe
und die sind sehr weise
sie blöken nur leise
so kann ich gut schlafen
behütet von Schafen
und wach ich dann auf
nehmen Träume ihren Lauf
und die Schafe dann auch
lösen sich auf wie Rauch
doch sie machten mich heiter
so geht´s tagträumerisch weiter

MÄNNERSACHE

Das ist so ein besonderes Männerding
fühlen uns wie im verschworenen Ring
wenn wir samstags früh aufstehen
und beherzt zum Bäcker gehen

ZEITLOSE WUNDEN

Wir haben die Schönheit der Vergangenheit vergessen,
wir haben nur die Ödnis der Gegenwart besessen,
an dem Wunschbild der Zukunft gelegentlich gedacht,
doch viel zu oft die Zeit im Hier und Jetzt verbracht.

Das alles ist nur der Dreck der angesammelten Jahre,
das alles ist nur unsere bescheidene Erfahrungsware ,
und unsere Erinnerungen sind längst entschwunden,
woran wir leiden sind nur selbstbeigebrachte Wunden.

WÜNSCHE

Da schwimmt doch diese Flunder
und wartet auf das große Wunder
ist platt wie eine leckere Scholle
doch bläht sie sich auf ganz dolle
und wünscht sie wär´ ein Kugelfisch
denn der kommt selten auf den Tisch
das wünscht sich diese Flunder
giftig sein und auch viel runder

BELASTENDE ERKENNTNIS

Ich wollte ich würde
nähme die Hürde
würde hoch springen
dabei laut singen
würde nichts reißen
gar nichts umschmeißen
mich nirgends festkrallen
würde nie fallen

Doch meine Bürde
ich nehm keine Hürde
nichts will gelingen
ich kann gar nicht singen
nur Zähne ausbeißen
werd alles umschmeißen
die Fäuste nur ballen
und werde plump fallen

TESTAMENT

Wie macht mich das nur müde
zu hören von eurer Attitüde,
von eurem brillanten Esprit.
Ich mich dem doch gleich entzieh.
Stracks mache ich die Ohren zu
und augenblicklich hab ich Ruh,
und erfreue mich an dieser Stille.
Das ist mein allerletzter Wille.

NICHT SONETTE KATZEN

Haben Christen Katzen
kratzen Katzen Christen
Christen haben Kisten
Katzen haben Tatzen

Katzen machen Kratzer
angekratzte Kisten
ärgern gekratzte Christen
Katzen machen Patzer

Gekratzte Christen wissen
Katzen mit den Tatzen
sie auch zuweilen pissen

So sind sie halt die Katzen
sie pissen auch in Kissen
die Katzen mit den Tatzen

FLIEGENFALLE

Die Fliege ist ein Flugobjekt,
hat ihr Terrain fein abgesteckt,
fliegt um die Lampe im Quadrat,
verteidigt ihren Fliegenstaat.

Die Fliege nervt mit irrem Flug
und ich habe allzu bald genug,
der hektische Flug macht mich kirre,
von dem Gesumme werd´ ich irre.

Ich greife mir beherzt die Waffe:
Oh böse Fliege du, erschlaffe!
Gleich wirst du von mir hingerichtet.
Die Klatsche sirrt, Geschirr vernichtet.

Ich klage laut, oh je und ach,
die Fliege kümmert nicht der Krach,
im Quadrat und um die Lampe
fliegt die Fliege, diese Schlampe.

An Erfahrung ich nun reicher bin,
die Fliege fliegt auch weiterhin
und mir kommt hoch die Galle.
Das ist die gemeine Fliegenfalle.

LALÄLIMOLUundELN

Ich bin dir die Last
auch wenn´s dir nicht passt
ich lass dir keine Rast
voll von Tücke durch Mast

Wenn man mich lässt
gebe ich dir den Rest
wünsch dir die Pest
an Bosheit mich messt

Und das ist meine List
der Stoß mit dem Rist
einer auch noch pisst
und du leidest diesen Mist

Du hättest lieber Most
Geschenke in der Post
am Auto keinen Rost
and money never lost

Dies macht dir keine Lust
ist aber was du musst
wärst lieber jetzt in Rust
stattdessen kriegst du Pust-
eln

AUF DER REEPERBAHN BEI LUKULLUS

Der Leuchten-Prunk der gab uns Trost,
zum feuchten Trunk sagten wir schnell Prost.

Gern vernahm ich seine säuischen Bitten,
gleich verlor ich meine behüteten Sitten.

Wir zählten hier die Fritten-Tage,
und diskutierten auch die Titten-Frage.

DER FLOH

Fix flieht der klitzekleine Floh
irgendwie nach irgendwo.
Das Ziel das ist noch offen,
man glaubt er sei besoffen.

Auf Kurs kann er nicht hoffen,
vielleicht hat er wen getroffen,
mit Schwung und auch mit holdrio,
womöglich auch in Itzehoe.

GEDANKENFLÜGE

Ich pflege meinen üppigen Gedankengarten,
hege meine Fiktionen, Imaginationen, die zarten,
umsorge sie, sie sind meine besonderen Güter,
ich bin der meiner Gedankenflüge bester Hüter.

Ich lasse sie fliegen, sie fliegen hoch und so weit,
doch dann - zu oft macht sich die Sorge breit,
wohin führt der Weg aus den Wolken hinab,
ist es nur der Sturz ins faselige Unsinnsgrab?

Und ich erkenne in all meinen Phantasienflügen,
sie werden mich belügen, sie werden nur trügen,
die Wolken sind plötzlich nur grau und mir graut,
die Erkenntnis: nichts worauf sich Intellekt aufbaut.

SCHÖNE NATUR

Oh wilder Wacholder, du Machandelbaum,
stehst stolz auf der Heide und am Waldessaum,
trägst würdig pechschwarze Kranewittbeeren,
im Sauerkrautgericht wollen wir dich ehren.

Bist der meistverbreitete nacktbesamte Nadelbaum,
nicht zierlich, breit ausladend nimmst du dir Raum,
in geselliger Runde werden wir uns niemals wehren
und das Glas mit Gin oder Cocktail sehr gerne leeren.

BOTANISCHE VERWIRRUNG

Ach der heimische Holunder
er ist so wunder wunder
hübsch im norddeutschen Knick
geweißt mit Rispen so schick

Die Blüten so fein gefiedert
zart und ungerade gegliedert
gegenständig grün beblättert
bis elf Meter hoch geklettert

Im Sommer dann die Beere
macht der Pflanze alle Ehre
rot oder schwarz wie die Nacht
steht er da in voller Pracht

Doch oh Wunder Wunder
wie heißt die Beere vom Holunder
Fliederbeere wird sie auch genannt
hat sich wer da wohl verrannt

Hat wer da wohl keine Ahnung
und das sei hier auch die Mahnung
der Flieder wird in der Vase verehrt
die Beere in der Suppe verzehrt

VERGEBEICHTET

Gestern hatte ich feine Phantasien gesichtet,
sogleich sie nach Brauchbarkeit geschichtet,
sie auch nach Substanz und Sinn gewichtet,
im Nu hatte sich der Nebel im Geist gelichtet.

Eingebungen mit klarem Verstand belichtet,
gütig die Gedanken mit Weisheit beschichtet,
und dann hätte ich hier auch gern berichtet,
jedes Lebensgefühl mit Verstand bedichtet.

Hatte eilends meine Dichter-Arbeit verrichtet,
mich zu Sorgfalt und Vernunft verpflichtet,
doch dann habe ich mich grässlich verdichtet,
und sogleich alle verhunzten Verse vernichtet.

OPTIMIST

Wer das Leben nach seinen Regeln misst
und überzeugt die Welt sei doch gut
und abends noch immer fröhlich ist
vor dem ziehe ehrfürchtig den Hut

STRANDGLÜCK

Oh ich und du
ganz ohne Schuh
dort im Sand
am weißen Strand
im hellen Licht
im Wasser bricht
ein Sonnenstrahl
das ist egal
Liebe mächtig
küssen heftig
Wellen rauschen
Speichel tauschen
wir uns wälzen
dahin schmelzen
im weichen Sand
die Hemmung schwand
jetzt ohne Kleider
nur noch Leiber
nur Haut auf Haut
und jemand schaut
wie ist er beglückt
flugs das Handy zückt

GEGENSÄTZE

Ich bin der Knochen und du das Gerippe,
ich habe Schnupfen, du hast die Grippe,
ich bin so wenig und du so viel mehr,
du bist das Ziel und ich die Umkehr.

Du bist der Halt, ich bin am schwanken,
für dich gibt's kein Halten, ich kenn nur Schranken,
ich seh nur Streit, du die Versöhnung,
du denkst so klar, ich hab die Dröhnung.

Was du so liebst ist mir meist zuwider,
du bist modern und ich allzu bieder,
du beherrscht vieles was ich niemals kann,
doch was uns auch trennt, es törnt mich so an.

Du lehnst mich ab, das weckt nur Begehren,
ich bin dir die Qual, das wird nur Lust mehren,
ich bin dir so lästig, das ist was ich schätze,
was ich so liebe, das sind Gegensätze.

OHO

Es ist nicht so als ob, doch, wenn,
bei früherer Achtung, nur so,
die Gedanken, die ich benenn,
mitnichten machten sie mich froh.

Nun ist es doch, wofür ich brenn,
bei näherer Beachtung, und so so,
Ideen, in denen ich mich verrenn,
selten bestechen sie durch Niveau.

Doch ist es so, wenn so, so denn,
bei späterer Betrachtung, oho,
Fiktionen, denen ich nach renn
entsprechen doch im Kopf nur Stroh.

VERFORMUNGEN

Mit meiner neuen Keule
erzeuge ich die Beule.

Mit meiner neuen Kelle
beseitigte ich die Delle.

WIRRE IDEEN

Wenn wirre Ideen fliegen
abstruse Gedanken siegen
Unmöglichkeiten dir begegnen
Widersinn willst du segnen

Dann wirst du hilflos glauben
am Verstand hemmungslos saugen
hoffnungslos auf Eingebung hoffen
doch das Ergebnis bleibt stets offen

Am 4. Juli 2023 in ca. 10.000m Höhe
über dem Atlantik entstanden.

NOVEMBER

Wenn das Helle die Welt verlässt
wenn der Himmel die Erde einnässt
wenn Eichen ihr Kleid fliegen lassen
wirst du den Herbst wahrlich hassen

ANATOMIE

Im Winter da friere ich generell
was nützt mir da mein Rippenfell

Kein Pfeil ist jemals weit geflogen
benutzte ich nur den Ellenbogen

Ich flog nicht über den kleinsten Hügel
hatte ich dafür nur meine Nasenflügel

Nicht zum Wärmen nur für andere Zwecke
wölbt sich um den Nabel die Bauchdecke

Ich bei weitem überhaupt nicht übertreibe
durchsichtig ist bei keinem die Kniescheibe

Wer für Notizen keinen Zettel hat
was hilft ihm da sein Schulterblatt

Ich stelle fest ich bin ein totales Genie
in Kenntnis der menschlichen Anatomie

VERBIEGT

Mein Werkstück habe ich irrig hingeschriebt
vermutlich irgendwann ganz falsch gebiegt
du meinst ich hätte es wohl besser gebogen
und ich habe am ganz falschen Ende gezogen
und außerdem das Verb total unrichtig gebeugt
und eine gänzlich unmögliche Form erzeugt
ach hätte ich mich doch lieber hingelegen
das hätte sicherlich gar niemanden erregen
stattdessen habe ich mich schändlich verdocht
und trotzdem keinen einzigen Vers vernocht

Nun ist aber Schluss!

ALPHABETISCHES VERZEICHNIS
DER GEDICHTTITEL

ALPHABETISCHES VERZEICHNIS DER GEDICHANFÄNGE